ARCHIBALD MAULE RAMSAY

DER NAMENLOSE KRIEG
Die jüdische Macht gegen die Nationen

ARCHIBALD HENRY MAULE RAMSAY
(1894-1955)

A. M. Ramsay war ein britischer Armeeoffizier, der später als Abgeordneter der schottischen Unionisten in die Politik ging. Nach seiner Verwicklung mit einem angeblichen Spion in der US-Botschaft wurde er 1940 als einziger britischer Abgeordneter nach der Verteidigungsvorschrift 18B interniert.

DER NAMENLOSE KRIEG
die jüdische Macht gegen die Nationen

The Nameless War, Britons Publishing Company, London - 1952

© Omnia Veritas Limited - 2024

Übersetzt und herausgegeben von
OMNIA VERITAS LTD

OMNIA VERITAS®
www.omnia-veritas.com

Alle Rechte vorbehalten. Kein Teil dieser Veröffentlichung darf ohne vorherige Genehmigung des Herausgebers in irgendeiner Form vervielfältigt werden. Das Gesetz zum Schutz des geistigen Eigentums verbietet Kopien oder Vervielfältigungen zur gemeinsamen Nutzung. Jede vollständige oder teilweise Darstellung oder Vervielfältigung ohne die Zustimmung des Herausgebers ist rechtswidrig und stellt eine Verletzung des Urheberrechts dar, die strafrechtlich verfolgt wird.

Inhaltsverzeichnis

EINFÜHRUNG **13**
   DER NAMENLOSE KRIEG 13

DEDICATION **17**

PROLOG **19**

DIE BRITISCHE REVOLUTION **21**

DIE FRANZÖSISCHE REVOLUTION **33**

DIE RUSSISCHE REVOLUTION **51**
   U.S.S.R. 56
   POLEN 56
   UNGARN 57
   ROUMÄNIEN 57
   JUGOSLAWIEN 57

ENTWICKLUNG DER REVOLUTIONÄREN TECHNIK **59**

DEUTSCHLAND LÄUTET DIE KATZE **66**

1933: DAS JUDENTUM ERKLÄRT DEN KRIEG **74**

"PHONEY WAR" BEENDET DURCH ZIVILE BOMBARDIERUNG **85**

DUNKIRK UND DANACH **91**

DIE FORM DER DINGE, DIE KOMMEN WERDEN .. **95**

DIE ROLLE VON PRÄSIDENT ROOSEVELT **99**

VERORDNUNG 18B **106**

WER WAGT ES? **112**

EPILOG **117**

ERKLÄRUNG **122**
   Erklärung von Hauptmann Ramsay aus dem Brixton-Gefängnis an den Präsidenten und die Mitglieder des Parlaments über seine Inhaftierung gemäß Paragraph 18B der Verteidigungsvorschriften. *122*
   PHASE I *123*
   PHASE II *123*

ANGABEN, DIE ALS GRÜNDE FÜR MEINE

INHAFTIERUNG 139
PARTICULARS 140
SCHLUSSFOLGERUNG 149
DIE STATUTEN DES JUDENTUMS 151
DIE STATUTEN DES JUDENTUMS 151
DIE JUDEN IN BRITANNIEN 157
BERÜHMTE MÄNNER ÜBER DIE JUDEN 159
KOPIE DES VOM AUTOR NACH DEM MÜNCHNER ABKOMMEN ENTWORFENEN FLUGBLATTS 162
DEUTSCHES WEIßBUCH ZUR LETZTEN PHASE DER DEUTSCH-POLNISCHEN KRISE 165
DIE LETZTE PHASE DER DEUTSCH-POLNISCHEN KRISE 172
ANDERE TITEL 181

Hauptmann Archibald Maule Ramsay wurde in Eton und am Royal Military College in Sandhurst ausgebildet und diente im Ersten Weltkrieg im 2. Bataillon der Coldstream Guards, bis er 1916 schwer verwundet wurde. Danach war er bis Kriegsende im Hauptquartier des Regiments, im Kriegsministerium und in der britischen Kriegsmission in Paris tätig.

Ab 1920 wurde er Mitglied der schottischen Leibgarde. Im Jahr 1931 wurde er zum Abgeordneten für Midlothian und Peeblesshire gewählt.

Er wurde am 23. Mai 1940 gemäß der Verordnung 18b verhaftet und ohne Anklage oder Gerichtsverfahren bis zum 26. September 1944 in einer Zelle des Gefängnisses von Brixton festgehalten. Am folgenden Morgen nahm er seinen Sitz im Unterhaus wieder ein und blieb dort bis zum Ende des Parlaments im Jahr 1945.

A. M. RAMSAY

EINFÜHRUNG

DER NAMENLOSE KRIEG

Dies ist die Geschichte, von der man sagte, sie würde in unserer Zeit nie geschrieben werden - die wahre Geschichte der Ereignisse, die zum Zweiten Weltkrieg führten, erzählt von einem, der in den kritischen Monaten zwischen München und September 1939 die Freundschaft und das Vertrauen von Neville Chamberlain genoss.

Seit langem gibt es ein inoffizielles Verbot von Büchern, die sich mit dem befassen, was Kapitän Ramsay den "namenlosen Krieg" nennt, den Konflikt, der seit Jahrhunderten hinter der politischen Bühne ausgetragen wird, der immer noch geführt wird und von dem nur wenige wissen.

Die Herausgeber von "Der namenlose Krieg" sind der Meinung, dass diese jüngste Enthüllung mehr als alle vorherigen Versuche dazu beitragen wird, die Verschwörung des Schweigens zu durchbrechen.

Das vorliegende Werk, das viele zusätzliche Beweise und einen umfassenderen historischen Hintergrund enthält, ist das Ergebnis der persönlichen Erfahrungen einer Persönlichkeit des öffentlichen Lebens, die im Rahmen ihrer Pflicht aus erster Hand die Existenz einer jahrhundertealten Verschwörung gegen Großbritannien, Europa und die gesamte Christenheit aufgedeckt hat.

"Der namenlose Krieg" enthüllt eine ungeahnte Verbindung zwischen allen großen Revolutionen in Europa - von der Zeit König Karls I. bis zum gescheiterten Versuch gegen Spanien im Jahr 1936. Es wird gezeigt, dass sie alle eine gemeinsame Quelle der Inspiration, des Designs und der Versorgung haben. Diese Revolutionen und der Weltkrieg von 1939 werden als integrale Bestandteile ein und desselben Gesamtplans betrachtet.

Nach einem kurzen Überblick über die Kräfte, die hinter der Kriegserklärung standen, und die weltweiten Verhaftungen vieler, die sich ihnen zu widersetzen versuchten, beschreibt der Autor die Anatomie des Apparates der Revolutionären Internationale - des Apparates, der heute den Plan für eine supranationale Weltmacht, den uralten messianischen Traum des internationalen Judentums, weiterführt.

Der Autor ist davon überzeugt, dass die Maschine ohne die Unterstützung der unwilligen Juden und ahnungslosen Heiden zusammenbrechen würde, und er macht Vorschläge, wie man diese Elemente loswerden könnte.

Christen sagen:

> "Captain Ramsay, ein christlicher Gentleman von unermüdlichem Mut, war der Meinung, dass der Krieg mit Deutschland nicht im Interesse Großbritanniens sei und nur zur Ausdehnung der kommunistischen und jüdischen Macht führen könne. Weil er seine Landsleute vor den Kräften warnte, die am Werk waren, wurde er ohne Gerichtsverfahren für viereinhalb Jahre ins Gefängnis gesteckt, aus 'Gründen', die so absurd waren, dass diejenigen, die sie formulierten, nicht wagten, sie einem Gericht vorzulegen."

Die Wahrheit

> "Captain Ramsay war jahrelang Mitglied des britischen Parlaments. Sein Buch ist eine Analyse des jüdisch-zionistischen Krieges gegen die christliche Zivilisation."

Das Kreuz und die Flagge

Die Juden sagen:

> "Es gibt keine Grenzen für die menschliche Verderbtheit; Captain Maule Ramsay scheint einen sehr entschlossenen Versuch unternommen zu haben, diese Tiefen auszuloten."
>
> *Die Jüdische Chronik*

> "Die Veröffentlichung eines solchen Buches zum jetzigen Zeitpunkt unterstreicht die dringende Notwendigkeit, das Gesetz zu reformieren, um das Predigen von Rassenhass oder die Veröffentlichung von Verleumdungen gegen Gruppen in der Gemeinschaft unter Strafe zu stellen.
>
> *Der Tagelöhner*

DEDICATION

Dieses Buch ist dem Gedenken an die Patrioten gewidmet, die 1215 in Runnymede die Magna Carta und 1320 in Arbroath die Unabhängigkeitserklärung unterzeichneten.

27 Juli 1952

A. M. RAMSAY

PROLOG

Edward I. verbannte die Juden wegen zahlreicher schwerer Vergehen, die das Wohlergehen seines Reiches und seiner Leibeigenen gefährdeten, aus England. Diese Vergehen wurden größtenteils in den "Statutes of Jewry" (Judenstatuten)[1] aufgeführt, die 1290 von seinem Parlament erlassen wurden, wobei die Unterhausabgeordneten eine wichtige Rolle spielten.

Der König von Frankreich und andere Herrscher im christlichen Europa folgten diesem Beispiel sehr bald. Die Lage der Juden in Europa wurde so ernst, dass sie sich mit einem dringenden Appell um Hilfe und Rat an den Sanhedrin in Konstantinopel wandten.

Dieser Appell wurde mit der Unterschrift von Chemor, Rabbiner von Arles in der Provence, am 13. Januar 1489 abgeschickt. Die Antwort kam im November 1489 und trug die Unterschrift von V.S.S. V.F.F., Fürst der Juden.

Sie riet den Juden Europas, die Taktik des Trojanischen Pferdes anzuwenden, ihre Söhne zu christlichen Priestern, Anwälten, Ärzten usw. zu machen und darauf hinzuarbeiten, die christliche Struktur von innen heraus zu zerstören.

Die erste bemerkenswerte Reaktion auf diesen Ratschlag erfolgte in Spanien während der Herrschaft von Ferdinand und

---

[1] Siehe Anhang 2 (Anhänge folgen auf das letzte Kapitel)

Isabella. Viele Juden hatten sich inzwischen zum Christentum bekehrt, aber im Verborgenen arbeiteten die Juden weiter daran, die christliche Kirche in Spanien zu zerstören.

Die Bedrohung wurde schließlich so groß, dass die Inquisition eingesetzt wurde, um das Land von diesen Verschwörern zu säubern. Wieder einmal waren die Juden gezwungen, aus einem anderen Land, dessen Gastfreundschaft sie missbraucht hatten, zu fliehen.

Auf ihrem Weg nach Osten schlossen sich diese Juden anderen jüdischen Gemeinden in Westeuropa an; eine beträchtliche Anzahl von ihnen strömte nach Holland und in die Schweiz.

Von nun an sollten diese beiden Länder zu aktiven Zentren jüdischer Intrigen werden. Das Judentum hat jedoch immer eine mächtige Seefahrernation gebraucht, an die es sich anhängen konnte.

Das unter Jakob I. neu vereinigte Großbritannien war eine aufstrebende Seemacht, die bereits dabei war, die vier Ecken der entdeckten Welt zu beherrschen. Auch hier bot sich ein wunderbares Feld für Kritik, denn obwohl es sich um ein christliches Königreich handelte, war es doch in protestantischer und katholischer Hinsicht stark gespalten.

Eine Kampagne, die diese Spaltung ausnutzte und den Hass zwischen den christlichen Gemeinschaften schürte, war bald im Gange. Wie gut den Juden diese Kampagne in Großbritannien gelang, lässt sich daran ablesen, dass eine der ersten Handlungen ihres Geschöpfes und Handlangers Oliver Cromwell - nachdem er den König planmäßig hingerichtet hatte - darin bestand, den Juden wieder freien Zugang nach England zu gewähren.

DIE BRITISCHE REVOLUTION

"Es war Schicksal, dass England die erste einer Reihe von Revolutionen sein sollte, die noch nicht abgeschlossen ist."

Mit diesen kryptischen Worten begann Isaac Disraeli, der Vater von Benjamin Earl of Beaconsfield, sein 1851 veröffentlichtes zweibändiges Leben von Karl I. Ein Werk von erstaunlicher Detailtreue und Einsicht, für das er viele Informationen aus den Aufzeichnungen eines Melchior de Salom, des französischen Gesandten in England während dieser Zeit, bezog.

Die Szene beginnt mit einem entfernten Blick auf das britische Königreich, das sich auf das Christentum und seine eigenen alten Traditionen stützt; diese Sanktionen binden einerseits Monarchie, Kirche, Staat, Adel und Volk in einem feierlichen Band, andererseits die unheilvollen Rufe des Calvinismus.

Calvin, der aus Frankreich nach Genf kam, wo sein Name Cauin[2] geschrieben wurde, möglicherweise ein französischer Versuch, Cohen zu buchstabieren, organisierte eine große Zahl revolutionärer Redner, von denen nicht wenige nach England und Schottland gelangten. So wurde der Grundstein für die Revolution unter dem Deckmantel religiöser Begeisterung gelegt.

Auf beiden Seiten des Tweed haben diese Demagogen alle

---

[2] Bei einem B'nai B'rith-Treffen in Paris, über das die "Catholic Gazette" im Februar 1936 berichtete, wurde behauptet, er sei jüdischer Herkunft.

Religion auf die starre Einhaltung des "Sabbats" reduziert. Um es mit den Worten von Isaac Disraeli zu sagen:

> "Das Volk wurde kunstvoll in Sabbatarianer und Sabbatbrecher geteilt." "Calvin hielt den Sabbat für eine jüdische Verordnung, die auf das heilige Volk beschränkt war."

Er fährt fort, dass diese Calvinisten das Land in ihrer Gewalt hatten:

> "Es schien, als bestünde die Religion hauptsächlich aus sabbatianischer Strenge und als habe sich ein britischer Senat in eine Gesellschaft hebräischer Rabbiner verwandelt."

Und später:

> "1650, nach der Hinrichtung des Königs, wurde ein Gesetz verabschiedet, das Strafen für den Bruch des Sabbats vorsah."

Buckingham, Strafford und Laud sind die drei Hauptfiguren, die den König in dieser frühen Phase umgeben: Männer, auf deren Loyalität zu ihm selbst, zur Nation und zur alten Tradition Karl sich verlassen kann.

Buckingham, der vertrauenswürdige Freund von König Jakob I. und derjenigen, die ihm während der Gowrie-Verschwörung (mit ominösen kabbalistischen Assoziationen) das Leben gerettet hatten, wurde in den ersten Jahren der Herrschaft von König Karl unter mysteriösen Umständen ermordet.

Strafford, der in seiner Jugend der Gegenseite zugeneigt war, verließ sie später und wurde ein treuer und ergebener Anhänger des Königs.

Diese Oppositionsfraktion wurde immer feindseliger gegenüber Karl und beschloss schließlich unter der Führung von Pym, Strafford zu entmachten. "Der König", schreibt

Disraeli, "betrachtete diese Fraktion als seine Feinde"; und er gibt an, dass der Kopf dieser Fraktion der Earl of Bedford war.

Walsh, der bedeutende katholische Historiker, erklärt, dass ein jüdischer Weinhändler namens Roussel der Gründer dieser Familie in der Tudorzeit war. Mit der Amtsenthebung und Hinrichtung Straffords begannen die Mächte, die hinter der aufkommenden calvinistischen oder cohenistischen Verschwörung standen, sich selbst zu offenbaren, und ihr Fokus war die Stadt London.

Zu dieser Zeit tauchten plötzlich bewaffnete Banden von "Operatives" (wohl das mittelalterliche Äquivalent für "Arbeiter") in der Stadt auf. Lassen Sie mich Disraeli zitieren:

> "Sie sollen zehntausend Mann betragen... mit kriegsähnlichen Waffen. Es war eine Miliz für den Aufstand zu jeder Jahreszeit, und man konnte sich auf sie verlassen, wenn es darum ging, ein Werk der Zerstörung zum billigsten Preis zu verrichten... Da sie mit Dolchen und Knüppeln (aus der Stadt) anrückten, ist die Schlussfolgerung naheliegend, dass dieser Zug der Explosion schon lange gelegt worden sein muss."

In der Tat, und wir müssen uns vor Augen halten, dass Strafford zu diesem Zeitpunkt noch nicht vollstreckt war und der Bürgerkrieg nur in den Köpfen derjenigen existierte, die hinter den Kulissen agierten und ihn offensichtlich schon lange beschlossen und geplant hatten.

Diese bewaffneten "Arbeiter" schüchterten alle und jeden ein, einschließlich der beiden Kammern des Parlaments und des Palastes in kritischen Momenten, genau nach dem Vorbild der "Sacre Bands" und der "Marseillais" in der Französischen Revolution.

Isaac Disraeli zieht immer wieder verblüffende Parallelen zur Französischen Revolution, vor allem in seinen Passagen über die **Presse, die "nicht mehr unter Kontrolle ist",** und die Flut von revolutionären Pamphleten und Flugblättern. Er schreibt:

> "Zwischen 1640 und 1660 scheinen etwa 30.000 Menschen angefangen zu haben".

Und später:

> "Die Sammlung französischer revolutionärer Pamphlete steht heute neben den französischen Traktaten aus der Zeit Karls I., die ebenso zahlreich und leidenschaftlich sind... Wer hinter dem Vorhang die Fäden in der Hand hielt... konnte eine korrekte Liste von 59 Bürgerlichen aufstellen und sie mit dem abscheulichen Titel 'Straffordianer' oder Verräter ihres Landes brandmarken."

Und wessen Hand? Aber Disraeli, der so viel wusste, zieht nun diskret einen Schleier über diesen eisernen Vorhang, und es bleibt uns überlassen, die Enthüllung zu vervollständigen.

Dazu müssen wir andere Werke wie die Jüdische Enzyklopädie, das Werk von Sombart, Die Juden und der moderne Kapitalismus und andere heranziehen. Aus ihnen erfahren wir, dass Cromwell, die Hauptfigur der Revolution, in engem Kontakt mit den mächtigen jüdischen Finanziers in Holland stand und in der Tat große Geldsummen von Manasseh Ben Israel erhielt, während Fernandez Carvajal, "der große Jude", wie er genannt wurde, der Hauptauftragnehmer der New Model Army war.

In *Die Juden in England* lesen wir:

> "1643 kam ein großes Kontingent von Juden nach England. Ihr Sammelpunkt war das Haus des portugiesischen Botschafters De Souza, ein Marrano (heimlicher Jude). Prominent unter ihnen war Fernandez Carvajal, ein großer Finanzier und Heeresunternehmer."

Im Januar des Vorjahres hatte der Versuch, die fünf Mitglieder zu verhaften, die bereits erwähnten bewaffneten Banden von

"Operatives" aus der Stadt gewaltsam in Bewegung gesetzt. Bei dieser Gelegenheit wurden, wie Disraeli berichtet, revolutionäre Flugblätter verbreitet:

> "Mit dem unheilvollen, aufrührerischen Ruf 'Zu deinen Zelten, o Israel'."

Kurz darauf verließen der König und die königliche Familie den Palast von Whitehall.

Die fünf Mitglieder, die von einer bewaffneten Meute und Bannern begleitet wurden, kehrten triumphal nach Westminster zurück. Die Bühne war nun bereitet für die Ankunft von Carvajal und seinen Juden und den Aufstieg ihres Geschöpfes Cromwell.

Die Szene ändert sich nun. Der Bürgerkrieg hat seinen Lauf genommen. Wir schreiben das Jahr 1647: Naseby wurde gewonnen und verloren. Der König ist praktisch ein Gefangener, während er in Holmby House wie ein Ehrengast behandelt wird.

Laut einem Brief, der in *Plain English* (einer Wochenzeitschrift, die von der North British Publishing Co. herausgegeben und von dem verstorbenen Lord Alfred Douglas redigiert wurde) am 3. September 1921 veröffentlicht wurde:

> Die "Gelehrten Ältesten" gibt es schon viel länger, als sie vielleicht vermutet haben. Mein Freund, Herr L. D. van Valckert aus Amsterdam, hat mir kürzlich einen Brief mit zwei Auszügen aus der Synagoge von Mülheim geschickt. Der Band, in dem sie enthalten sind, ging irgendwann während der napoleonischen Kriege verloren und ist kürzlich in den Besitz von Herrn van Valckert gelangt. Er ist in deutscher Sprache geschrieben und enthält Auszüge aus Briefen, die von den Behörden der Mülheimer Synagoge versandt und empfangen wurden. Der erste Eintrag, den er mir schickt, betrifft einen eingegangenen Brief:

16 Juni, 1647

Von O.C. (d.h. Oliver Cromwell), von Ebenezer Pratt.

Im Gegenzug für finanzielle Unterstützung wird er sich für die Aufnahme von Juden in England einsetzen: Dies ist jedoch unmöglich, solange Charles lebt.

Karl kann nicht ohne Gerichtsverfahren hingerichtet werden, für das es derzeit keine ausreichenden Gründe gibt. Ich empfehle daher, Karl zu ermorden, werde mich aber nicht an den Vorbereitungen zur Beschaffung eines Attentäters beteiligen, obwohl ich bereit bin, ihm bei seiner Flucht zu helfen.

Als Antwort wurde folgendes versandt:

12 Juli, 1647

An O.C. von E. Pratt.

Wird finanzielle Hilfe gewähren, sobald Karl abgesetzt und Juden zugelassen sind. Ermordung zu gefährlich. Karl soll die Möglichkeit zur Flucht gegeben werden: Seine Wiederergreifung wird Prozess und Hinrichtung ermöglichen. Die Unterstützung wird großzügig sein, aber es ist sinnlos, die Bedingungen zu diskutieren, bevor der Prozess beginnt.

Mit diesen Informationen, die uns nun zur Verfügung stehen, treten die nachfolgenden Aktionen der Regicides mit neuer Klarheit zutage. Am 4. Juni 1647 stürmte Cornet Joyce, der auf geheimen Befehl von Cromwell selbst handelte und laut Disraeli sogar dem General-in-Chief Fairfax unbekannt war, mit 500 ausgewählten revolutionären Soldaten Holmby House und ergriff den König. Laut Disraeli:

> "Der Plan wurde am 30. Mai bei einem geheimen Treffen in Cromwells Haus vereinbart, obwohl Cromwell später vorgab, dass er nicht zugestimmt hatte."

Dieser Schritt fiel mit einer plötzlichen Entwicklung in der Armee zusammen: dem Aufkommen der "Gleichmacher" und "Rationalisten". Ihre Doktrinen entsprachen denen der französischen Revolutionäre, d.h. dem, was wir heute als Kommunismus kennen. Es waren die Regicides, die das Parlament viermal "säuberten", bis schließlich nur noch 50 Mitglieder übrig waren, die sich selbst als Kommunisten bezeichneten und später als "Rump" bekannt wurden.

Um auf den Brief der Synagoge von Mülheim vom 12. Juni 1647 zurückzukommen, in dem der listige Vorschlag gemacht wird, einen Fluchtversuch als Vorwand für eine Hinrichtung zu nutzen. Am 12. November desselben Jahres fand genau so ein Ereignis statt. Hollis und Ludlow halten die Flucht für ein Stratagem von Cromwell. Isaac Disraeli stellt fest:

> "Zeitgenössische Historiker sind zu dem Schluss gekommen, dass der König vom Tag seiner Deportation aus Holmby bis zu seiner Flucht auf die Isle of Wight durchweg der Diener Cromwells war."

Es bleibt nicht viel mehr zu sagen. Cromwell hatte die Anweisungen der Synagoge ausgeführt, und nun musste nur noch der Scheinprozess inszeniert werden.

Das Manövrieren um die Position dauerte einige Zeit an. Und es wurde deutlich, dass das Unterhaus, selbst in seinem teilweise "gesäuberten" Zustand, für eine Einigung mit dem König war. Am 5. Dezember 1648 tagte das Haus die ganze Nacht hindurch und stimmte schließlich über die Frage ab, "ob die Zugeständnisse des Königs für eine Einigung ausreichend seien".

Wäre eine solche Vereinbarung zustande gekommen, hätte Cromwell natürlich nicht die großen Geldsummen erhalten, die er von den Juden zu bekommen hoffte. Er schlug erneut zu. In der Nacht des 6. Dezember führte Colonel Pryde auf seine Anweisung hin die letzte und berühmteste "Säuberung" des Unterhauses durch, die als "Pryde's Purge" bekannt wurde.

Am 4. Januar hat sich der kommunistische Rest von 50 Mitgliedern, der Rumpf, mit der "obersten Autorität" ausgestattet.

Am 9. Januar wurde ein "Hoher Gerichtshof" proklamiert, der den König verurteilen sollte. Zwei Drittel seiner Mitglieder waren Levelers aus der Armee. Algernon Sidney warnte Cromwell: "Erstens: Der König kann von keinem Gericht verurteilt werden. Zweitens kann kein Mensch von diesem Gericht verurteilt werden."

So schreibt Hugh Ross Williamson in seinem Werk *Charles and Cromwell*; und er fügt abschließend hinzu, dass "kein englischer Anwalt gefunden werden konnte, um die Anklage zu verfassen, die schließlich einem entgegenkommenden Ausländer, Isaac Dorislaus, anvertraut wurde".

Natürlich war Isaac Dorislaus genau die gleiche Art von Ausländer wie Carvajal und Manasseh Ben Israel und die anderen Finanziers, die dem "Beschützer" sein Blutgeld zahlten.

Trotz heftiger Proteste des Unterausschusses des Staatsrats, der erklärte, dass die Juden eine ernste Bedrohung für den Staat und die christliche Religion darstellten, wurde ihnen erneut die freie Landung in England gestattet. Vielleicht ist es ihren Protesten zu verdanken, dass der eigentliche Verbannungsakt bis heute nicht aufgehoben worden ist.

> "Die englische Revolution unter Karl I. war anders als alle vorangegangenen... Seit dieser Zeit und diesem Ereignis betrachten wir in unserer Geschichte die Phasen der Revolution."

Isaac Disraeli

Es folgten viele weitere ähnliche Aktionen, vor allem in Frankreich.

Im Jahr 1897 fiel ein weiterer wichtiger Hinweis auf diese mysteriösen Geschehnisse in Form der *Protokolle der Weisen von Zion* in die Hände der Heiden. In diesem Dokument lesen wir diesen bemerkenswerten Satz:

> *"Erinnert euch an die Französische Revolution, die Geheimnisse ihrer Vorbereitung sind uns wohl bekannt, denn sie war ganz und gar das Werk unserer Hände."* [Protokoll Nr.3]

Die Ältesten hätten die Passage noch ausführlicher gestalten und schreiben können: "Erinnert euch an die britische und französische Revolution, deren Geheimnisse uns wohl bekannt sind, denn sie waren ganz und gar das Werk unserer Hände".

Das schwierige Problem der Unterwerfung der beiden Königreiche war jedoch noch ungelöst. Schottland war vor allem Royalist und hatte Karl II. zum König ausgerufen. Cromwells Armeen marschierten, unterstützt von ihren Genfer Sympathisanten, durch Schottland und verübten jüdische Barbarei; aber Schottland nannte Karl II. immer noch König. Er akzeptierte außerdem die presbyterianische Form des Christentums für Schottland, und langsam aber sicher begann sich die Stimmung in England dem schottischen Standpunkt anzunähern.

Nach dem Tod Cromwells begrüßte schließlich ganz Großbritannien die Wiedereinsetzung des Königs auf den englischen Thron.

1660 kehrte Karl II. zurück, aber es gab einen wichtigen Unterschied zwischen dem Königreich, aus dem er als Junge geflohen war, und dem, in das er als König zurückkehrte. Die

Feinde des Königtums hatten sich nun in seinem Königreich verschanzt, und sobald die Voraussetzungen für eine erneute Propaganda gegen das Papsttum geschaffen waren und damit die Menschen, die sich alle als Teil der Kirche Christi betrachteten, erneut spalteten, würde der nächste Angriff erfolgen.

Der nächste Angriff würde darauf abzielen, die Kontrolle über die Finanzen beider Königreiche in die Hände der Juden zu legen, die nun fest im Land verankert waren.

Karl war sich des jüdischen Problems, der jüdischen Pläne und der Bedrohung, die sie für seine Völker darstellten, offensichtlich nicht bewusst. Die Weisheit und die Erfahrung Edwards I. waren in den Jahrhunderten der Absonderung vom jüdischen Virus verloren gegangen. Ein Bewusstsein für die Gefahr, die der Krone drohte, wenn sie ihre Feinde in den Besitz der Waffe einer "päpstlichen Verschwörung" brachte, hatte er sich jedoch bewahrt.

Mit der Thronbesteigung Jakobs II. konnte die Krise nicht mehr lange aufgeschoben werden. Die skrupelloseste Pamphletierung und Propaganda gegen ihn war bald in vollem Gange, und es überrascht nicht, dass viele der übelsten Pamphlete tatsächlich in Holland gedruckt wurden. Dieses Land war nun ganz offen der Brennpunkt für alle Unzufriedenen, und in diesen Jahren gab es ein reges Kommen und Gehen.

Dem König wurden Geschichten zugetragen, wonach sein eigener Schwager sich den Verschwörern angeschlossen habe, aber er weigerte sich strikt, ihnen Glauben zu schenken oder irgendetwas zu unternehmen, bis die Nachricht eintraf, dass die Expedition gegen ihn tatsächlich im Gange war.

Die wichtigste Figur unter denen, die James zu diesem entscheidenden Zeitpunkt verließen, war John Churchill, der erste Herzog von Marlborough. Es ist interessant, in der

Jüdischen Enzyklopädie zu lesen, dass dieser Herzog viele Jahre lang nicht weniger als 6.000 Pfund pro Jahr von dem niederländischen Juden Solomon Medina erhielt.

Das eigentliche Ziel der "glorreichen Revolution" wurde einige Jahre später, 1694, erreicht, als die königliche Zustimmung zur Gründung der "Bank of England" und zur Einführung der Staatsverschuldung erteilt wurde.

Diese Charta übertrug einem anonymen Komitee das königliche Vorrecht der Geldprägung, **stellte die Grundlage des Reichtums auf Gold um** und ermöglichte es den internationalen Geldverleihern, ihre Kredite durch die Steuern des Landes abzusichern, anstatt durch die zweifelhafte Verpflichtung eines Herrschers oder Potentaten, die die einzige Sicherheit darstellte, die sie zuvor erhalten konnten.

Von da an wurde eine Wirtschaftsmaschinerie in Gang gesetzt, die letztlich allen Reichtum auf die **fiktiven Begriffe des von den Juden kontrollierten Goldes** reduzierte und das Lebensblut des Landes, den wirklichen Reichtum, der das Geburtsrecht des britischen Volkes war, auslaugte.[3]

Die politische und wirtschaftliche Union von England und Schottland wurde Schottland kurz darauf mit großer Korruption und unter Missachtung der formellen Proteste aller Grafschaften und Bezirke aufgezwungen. Die Hauptziele der Union waren die Unterdrückung der königlichen Münzanstalt in Schottland und die Auferlegung der Verantwortung für die "Nationale Verschuldung".

---

[3] Das erfolgreichste Wirtschaftssystem Deutschlands war NICHT durch Gold gedeckt. Er entzog sich dem blutsaugenden Griff der zionistischen jüdischen Geldmeister, deshalb "muss Deutschland zerstört werden!" und Adolf Hitler durch die Jahrhunderte hindurch verunglimpft werden, damit die Uninformierten ihre Regierung zur Rückkehr zum Goldstandard FORDERN werden.

Der Griff der Geldverleiher war nun in ganz Großbritannien vollständig. Die Gefahr bestand darin, dass die Mitglieder des neuen gemeinsamen Parlaments früher oder später im Geiste ihrer Vorfahren diesen Zustand in Frage stellen würden. Um dem vorzubeugen, wurde nun das **Parteiensystem** ins Leben gerufen, das eine echte nationale Reaktion verhinderte und es den Drahtziehern ermöglichte, zu teilen und zu herrschen; sie nutzten ihre neu erlangte finanzielle Macht, um sicherzustellen, dass ihre eigenen Leute und ihre eigene Politik im Rampenlicht standen und genügend Unterstützung durch ihre Zeitungen, Pamphlete und Bankkonten erhielten, um sich durchzusetzen.

Gold sollte bald die Grundlage für Kredite werden, die zehnmal so hoch sein sollten wie der hinterlegte Betrag. Mit anderen Worten: 100 Pfund Gold waren eine legale Sicherheit für ein Darlehen von 1.000 Pfund; bei einem Zinssatz von 3 % konnten 100 Pfund Gold jährlich 30 Pfund Zinsen einbringen, ohne dass der Darlehensgeber mehr tun musste als ein paar Bucheintragungen vorzunehmen.

Der Besitzer von 100 Pfund Land muss jedoch noch jede Stunde des Tageslichts arbeiten, um vielleicht 4 % zu verdienen. Das Ende des Prozesses dürfte nur eine Frage der Zeit sein. Die Geldverleiher müssen zu Millionären werden; diejenigen, die das Land besitzen und bearbeiten, der Engländer und der Schotte, müssen ruiniert werden. Der Prozess hat sich unaufhaltsam fortgesetzt bis jetzt, wo er fast abgeschlossen ist.

Sie wurde durch geschickte Propaganda scheinheilig als Hilfe für die Armen getarnt, indem man die Reichen ausbeutete. In Wirklichkeit war es nichts dergleichen. In der Hauptsache ging es um den vorsätzlichen Ruin der landbesitzenden Klassen, der Führer unter den Heiden, und ihre Verdrängung durch die jüdischen Finanziers und ihre Gefolgsleute.

DIE FRANZÖSISCHE REVOLUTION

Die Französische Revolution von 1789 war das einschneidendste Ereignis in der Geschichte Europas seit dem Untergang Roms.

Ein neues Phänomen trat damals vor die Welt. Nie zuvor hatte ein Pöbel scheinbar erfolgreich eine Revolution gegen alle anderen Klassen im Staat organisiert, unter hochtrabenden, aber völlig unsinnigen Parolen und mit Methoden, die keine Spur von den in diesen Parolen verankerten Prinzipien trugen.

Nie zuvor hatte ein Teil eines Volkes alle anderen Teile erobert und noch weniger alle Merkmale des nationalen Lebens und der nationalen Tradition weggefegt, vom König, der Religion, dem Adel, dem Klerus, der Verfassung, der Flagge, dem Kalender und den Ortsnamen bis hin zur Münzprägung.

Ein solches Phänomen verdient größte Aufmerksamkeit, zumal es in vielen Ländern zu identischen Ausbrüchen gekommen ist.

Die wichtigste Entdeckung, die eine solche Untersuchung mit sich bringen wird, ist diese Tatsache:

Die Revolution war nicht das Werk von Franzosen, um Frankreich zu verbessern. Sie war das Werk von Ausländern, deren Ziel es war, alles zu zerstören, was Frankreich war.

Diese Schlussfolgerung wird durch die Erwähnung von

"Ausländern" in hohen Positionen in den Revolutionsräten bestätigt, nicht nur durch Sir Walter Scott, sondern auch durch Robes Pierre selbst.

Wir haben die Namen mehrerer von ihnen, und es ist klar, dass es sich nicht um Briten, Deutsche, Italiener oder andere Staatsangehörige handelte; sie waren natürlich Juden.

Wir wollen sehen, was die Juden selbst dazu zu sagen haben:

> *"Erinnern Sie sich an die Französische Revolution, der wir den Namen 'Groß' gegeben haben. Die Geheimnisse ihrer Vorbereitung sind uns wohl bekannt, denn sie war ganz und gar das Werk unserer Hände."*
>
> *Die Protokolle von Zion Nr. 7.*

> *"Wir waren die ersten, die die Worte 'Freiheit, Gleichheit, Brüderlichkeit' in die Massen des Volkes riefen. Die dummen heidnischen Wahlpapageien stürzten sich von allen Seiten auf diese Köder und rissen den Wohlstand der Welt mit sich fort. Die Möchtegern-Weisen unter den Heiden waren so dumm, dass sie nicht sehen konnten, dass es in der Natur keine Gleichheit und keine Freiheit geben kann (womit natürlich die Freiheit im Sinne der Sozialisten und Kommunisten gemeint ist, die Freiheit, das eigene Land zu zerstören)."*
>
> *Protokolle von Zion Nr. 1.*

Mit diesem Wissen in unserem Besitz werden wir feststellen, dass wir einen Hauptschlüssel zu den komplizierten Ereignissen der Französischen Revolution besitzen. Das etwas verworrene Bild von Personen und Ereignissen, die sich über den Bildschirm bewegen, das uns unsere Geschichtsbücher gezeigt haben, wird plötzlich zu einem konzertierten und zusammenhängenden menschlichen Drama.

Wenn wir beginnen, Parallelen zwischen dem Frankreich von 1789, dem Großbritannien von 1640, dem Russland von 1917, dem Deutschland und Ungarn von 1918-19 und dem Spanien von 1936 zu ziehen, werden wir spüren, dass das Drama uns mit einem neuen und persönlichen Sinn für die Realität packt.

"Die Revolution ist ein Schlag gegen einen Gelähmten".

Dennoch muss klar sein, dass für eine erfolgreiche Vorbereitung eine immense Organisation und enorme Ressourcen sowie eine weit über das Übliche hinausgehende Gerissenheit und Geheimhaltung erforderlich sind.

Es ist in der Tat erstaunlich, dass man annimmt, dass "der Mob" oder "das Volk" jemals eine so komplizierte und kostspielige Operation durchgeführt hat oder durchführen könnte. Kein Irrtum könnte darüber hinaus gefährlicher sein, denn er führt zu einer völligen Unfähigkeit, die wahre Bedeutung der Ereignisse oder die Quelle und den Schwerpunkt einer revolutionären Bewegung zu erkennen.

Der Prozess oder die organisierende Revolution besteht **erstens aus der Lähmung und zweitens aus dem Schlag oder den Schlägen.** Für den ersten Prozess, die Erzeugung der Lähmung, ist die Geheimhaltung unerlässlich. Äußere Anzeichen dafür sind Verschuldung, Verlust der Kontrolle über die Öffentlichkeit und die **Existenz ausländisch beeinflusster Geheimorganisationen in dem untergegangenen Staat.**

Die Verschuldung, insbesondere die internationale Verschuldung, **ist der erste und übermächtige Griff.** Durch sie werden Männer in hohen Positionen bestochen und fremde Mächte und Einflüsse in den politischen Körper eingeführt. Wenn die Schuldenherrschaft fest etabliert ist, folgt bald die Kontrolle über jede Form von Öffentlichkeit und politischer Aktivität, zusammen mit einem vollen Griff auf die Industriellen.

Die Bühne für den revolutionären Schlag ist also bereit. Der

Griff der rechten Hand der Finanzwelt hat die Lähmung herbeigeführt, während es die revolutionäre Linke ist, die den Dolch hält und den tödlichen Schlag führt. Die moralische Korruption erleichtert den ganzen Prozess.

Um 1780 setzte in Frankreich die finanzielle Lähmung ein. Die großen Finanziers der Welt sind fest etabliert.

> "Sie besaßen einen so großen Anteil an den Gold- und Silbervorräten der Welt, dass sie fast ganz Europa in ihrer Schuld hatten, vor allem Frankreich."

So schreibt Herr McNair Wilson in seinem *Leben von Napoleon*, und fährt auf Seite 38 fort:

> "In der Wirtschaftsstruktur Europas hatte sich ein grundlegender Wandel vollzogen: Die alte Grundlage war nicht mehr der Reichtum, sondern die Schulden. Im alten Europa war der Reichtum in Ländereien, Feldfrüchten, Herden und Mineralien gemessen worden; nun aber war ein neuer Maßstab eingeführt worden, nämlich eine Form des Geldes, dem der Titel 'Kredit' gegeben worden war."

Die Schulden des französischen Königreichs waren zwar beträchtlich, aber keineswegs unüberwindbar, es sei denn, es handelte sich um Gold: Hätten die Berater des Königs beschlossen, Geld als Sicherheit für die Ländereien und den realen Reichtum Frankreichs zu emittieren, hätte die Lage relativ leicht bereinigt werden können. So aber war die Situation fest im Griff eines Finanziers nach dem anderen, der das von den internationalen Wucherern auferlegte System entweder nicht durchbrechen konnte oder wollte.

Unter einer solchen Schwäche oder Schurkerei konnten die Fesseln des Wuchers nur noch schwerer und schrecklicher werden, denn die Schulden waren in Gold oder Silber ausgedrückt, von denen Frankreich keines produzierte.

Und wer waren die Machthaber der neuen

Schuldenmaschinerie, diese Manipulatoren von Gold und Silber, denen es gelungen war, die Finanzen Europas auf den Kopf zu stellen und den realen Reichtum durch Abermillionen wucherischer Kredite zu ersetzen?

Die verstorbene Lady Queensborough nennt uns in ihrem wichtigen Werk *Occult Theocracy* einige herausragende Namen, wobei sie ihre Fakten aus *L'Anti-Semitisme* des Juden Bernard Lazare, 1894, entnimmt.

In London nennt sie die Namen von Benjamin Goldsmid und seinem Bruder Abraham Goldsmid, Moses Mocatta, ihrem Partner, und seinem Neffen Sir Moses Montifiore, die direkt an der Finanzierung der Französischen Revolution beteiligt waren, sowie Daniel Itsig aus Berlin und seinen Schwiegersohn David Friedlander und Herz Cerfbeer aus dem Elsass. Diese Namen erinnern an die *Protokolle von Zion*, und wenn wir Nummer 20 aufschlagen, lesen wir:

> "Der Goldstandard ist der Ruin der Staaten gewesen, die ihn eingeführt haben, denn er hat die Nachfrage nach Geld nicht befriedigen können, zumal wir das Gold so weit wie möglich aus dem Verkehr gezogen haben."

Und wieder:

> "Kredite hängen wie ein Damoklesschwert über den Köpfen der Herrscher, die mit ausgestreckter Hand betteln kommen."

Keine Worte könnten treffender beschreiben, was über Frankreich hereinbrach. Sir Walter Scott beschreibt in seinem *Life of Napoleon*, Vol. 1, die Situation so:

> "Diese Finanziers benutzten die Regierung, wie bankrotte Waisenkinder von wucherischen Geldverleihern behandelt werden, die mit der einen Hand ihre Verschwendungssucht nähren und mit der anderen ihrem ruinierten Vermögen die unangemessensten Entschädigungen für ihre Vorschüsse abtrotzen. Durch eine lange Folge dieser ruinösen Anleihen

und der verschiedenen Rechte, die zu ihrer Absicherung gewährt wurden, wurden die gesamten Finanzen Frankreichs in völlige Verwirrung gebracht."

König Ludwigs oberster Finanzminister in diesen letzten Jahren wachsender Verwirrung war Necker, "ein Schweizer" deutscher Herkunft, Sohn eines deutschen Professors, über den McNair Wilson schreibt:

> "Necker hatte sich in die königliche Schatzkammer gezwängt, als Vertreter des Schuldsystems, der sich diesem System verpflichtet fühlte."

Man kann sich leicht vorstellen, welche Politik diese Treue bei Necker auslöste; und wenn man dazu noch die Tatsache hinzufügt, dass er zuvor ein gewagter und skrupelloser Spekulant war, kann man verstehen, warum sich die Staatsfinanzen Frankreichs unter seiner verhängnisvollen Ägide rasch verschlechterten, so dass die unglückliche Regierung des Königs nach vier Jahren seiner Manipulationen eine zusätzliche und weitaus schwerwiegendere Verschuldung von 170.000.000 Pfund auf sich geladen hatte.

Um 1730 war die Freimaurerei von England aus in Frankreich eingeführt worden. Bis 1771 hatte die Bewegung ein solches Ausmaß erreicht, dass Philippe Duc de Chartres und später d'Orléans Großmeister wurde. Diese Art der Freimaurerei war in ihren Anfängen sowohl politisch als auch personell weitgehend unschuldig; doch wie die Ereignisse bewiesen, waren die wirklich treibenden Geister skrupellose Männer von Blut.

Der Duc d'Orléans gehörte nicht zu diesen letzteren. Obwohl er ein Mann mit wenig Prinzipien und ein extravaganter, eitler und ehrgeiziger Wüstling war, hatte er keine anderen Motive als den Sturz des Königs und die Errichtung einer demokratischen Monarchie mit sich selbst als Monarch.

Mit seiner geringen Intelligenz war er das ideale Zugpferd für die erste und gemäßigte Etappe der Revolution und ein williges Werkzeug von Männern, die er wahrscheinlich kaum kannte und die **ihn bald nach seiner niederträchtigen und schändlichen Rolle auf die Guillotine schickten.**

Der Marquis de Mirabeau, der ihm als Hauptfigur der Revolution folgte, spielte eine ähnliche Rolle. Er war ein viel klügerer Mann als d'Orléans, aber ein so übler Wüstling, dass er von seiner eigenen Klasse gemieden und auf Betreiben seines eigenen Vaters mehr als einmal eingekerkert wurde. Es ist bekannt, dass er von Moses Mendelssohn[4], dem Oberhaupt der jüdischen Illuminaten, finanziert wurde und dass er mehr mit der Jüdin Frau Herz verkehrte als mit ihrem Mann. Er war nicht nur ein frühes Aushängeschild der französischen Freimaurerei in den ehrbaren Jahren, sondern führte den Illuminismus in Frankreich ein.

Dieser Illuminismus war eine geheime revolutionäre Gesellschaft hinter der Freimaurerei. Die Illuminaten drangen in alle Logen der großorientalischen Freimaurerei ein und wurden von kabbalistischen Juden unterstützt und organisiert.

Interessant ist, dass sowohl der Duc d'Orléans als auch Talleyrand von Mirabeau in den Illuminismus eingeweiht wurden, kurz nachdem dieser den Illuminismus von Frankfurt aus, wo er 1782 unter Adam Weishaupt sein Hauptquartier eingerichtet hatte, in Frankreich eingeführt hatte.

Im Jahr 1785 ereignete sich ein merkwürdiges Ereignis, das den Anschein erweckt, als hätten die himmlischen Mächte selbst im letzten Moment versucht, Frankreich und Europa vor

---

[4] Moses Mendelssohn ist der "gelehrte Jude", der mit den Worten zitiert wird, dass: "Das Judentum ist keine Religion. Es ist ein religiös gemachtes Gesetz." Meiner Meinung nach ist das dasselbe wie die Aussage: "Das Judentum ist ein politisches Programm (für die Weltherrschaft), das in den Mantel der Religion gehüllt ist".

den sich zusammenballenden Mächten des Bösen zu warnen:

Ein Blitz erschlug einen Boten der Illuminaten in Regensburg.

Die Polizei fand bei der Leiche Papiere, die Pläne für eine Weltrevolution enthielten.

Daraufhin ließ die bayerische Regierung das Hauptquartier der Illuminaten durchsuchen, und es wurden viele weitere Beweise entdeckt.

Die französischen Behörden wurden informiert, aber **der Lähmungsprozess war schon zu weit fortgeschritten, so dass keine Maßnahmen ergriffen** wurden.

Im Jahr 1789 gab es in Frankreich mehr als zweitausend Logen, die dem Großorient, dem direkten Werkzeug der internationalen Revolution, angeschlossen waren, und ihre Adepten zählten über 100.000. So werden der jüdische Illuminismus unter Moses Mendelssohn und der freimaurerische Illuminismus unter Weishaupt zur inneren Kontrolle einer starken Geheimorganisation, die ganz Frankreich abdeckt.

Unter den Illuminaten wirkte die großorientalische Freimaurerei, und unter dieser wiederum hatte die Blaue oder Nationale Freimaurerei gearbeitet, bis sie 1773 von Philippe d'Orléans über Nacht in die großorientalische Freimaurerei umgewandelt wurde. Égalité ahnte nicht, welche satanischen Mächte er anrief, als er diese Maßnahme ergriff, und satanisch waren sie allemal. Der Name Luzifer bedeutet "Lichtträger", und die Illuminaten waren diejenigen, die von diesem Licht erleuchtet wurden.

Als die Generalstände am 5. Mai 1789 in Versailles zusammentraten, war die Lähmung der Exekutive durch die Geheimorganisationen abgeschlossen. Auch die Lähmung durch die Kontrolle der öffentlichen Meinung und der

Öffentlichkeit war zu diesem Zeitpunkt bereits weit fortgeschritten. Dies war die Art und Weise, wie sie erreicht wurde.

Bis 1780 war d'Orléans' gesamtes Einkommen in Höhe von 800.000 Livres dank seiner rücksichtslosen Glücksspiele und seiner Extravaganz an die Geldverleiher verpfändet.

Als Gegenleistung für sein Entgegenkommen unterzeichnete er 1781 Papiere, mit denen er seinen Palast, seine Ländereien und das Palais Royal seinen Gläubigern übergab, mit der Vollmacht, dort ein Zentrum für Politik, Druckerei, Pamphletismus, Glücksspiel, Vorlesungen, Bordelle, Weinstuben, Theater, Kunstgalerien, Leichtathletik und andere Nutzungen zu errichten, die in der Folgezeit die Form aller möglichen öffentlichen Ausschweifungen annahmen.

Tatsächlich nutzten die Finanziers der Égalité seinen Namen und sein Vermögen, um einen kolossalen Organismus für Werbung und Korruption zu errichten, der an jeden niederen Instinkt der menschlichen Natur appellierte und die so versammelten Menschenmassen mit den schmutzigen, diffamierenden und revolutionären Erzeugnissen seiner Druckmaschinen und Debattierclubs überschwemmte.

Wie Scudder in *A Prince of the Blood* schreibt:

> "Hier hatte die Polizei mehr zu tun als in allen anderen Teilen der Stadt."

Interessant ist, dass der von den Gläubigern im Palais Royal eingesetzte Generaldirektor ein gewisser de Laclos war, ein politischer Abenteurer ausländischer Herkunft, Autor von *Liaisons Dangereuses* und anderen pornografischen Werken, von dem es hieß, er studiere "die Politik der Liebe wegen seiner Liebe zur Politik".

Dieser ständige Strom von Korruption und zerstörerischer

Propaganda war verbunden mit einer Reihe systematischer persönlicher Angriffe der übelsten und skrupellosesten Art auf alle Personen des öffentlichen Lebens, von denen die Jakobiner annahmen, dass sie ihnen im Wege stehen könnten. Dieser Prozess war als "L'infamie" bekannt.

Marie Antoinette selbst war eines der Hauptziele für diese typisch jüdische Form des Angriffs. Keine Lüge und keine Beschimpfung war zu abscheulich, um sie anzugreifen. Marie Antoinette war intelligenter, wacher und energischer als der schwache und träge Ludwig und stellte ein erhebliches Hindernis für die Revolution dar. Außerdem hatte sie von ihrer Schwester in Österreich zahlreiche Warnungen vor der Freimaurerei erhalten und war sich ihrer Bedeutung zweifellos stärker bewusst, als sie es einige Jahre zuvor in einem Brief an ihre Schwester getan hatte:

> "Ich glaube, was Frankreich betrifft, machen Sie sich zu viele Gedanken über die Freimaurerei. Hier hat sie bei weitem nicht die Bedeutung, die sie vielleicht anderswo in Europa hat. Hier ist alles offen und man weiß alles. Wo könnte dann die Gefahr liegen?
>
> Man könnte sich durchaus Sorgen machen, wenn es sich um einen politischen Geheimbund handeln würde. Aber im Gegenteil, die Regierung lässt sie sich ausbreiten, und sie ist nur das, was sie zu sein scheint, eine Vereinigung, deren Ziele Vereinigung und Wohltätigkeit sind.
>
> Man isst, man singt, man redet, was dem König Anlass gab zu sagen, dass Menschen, die trinken und singen, nicht verdächtig sind, Verschwörungen zu organisieren. Es handelt sich auch nicht um eine Gesellschaft von Atheisten, denn man sagt uns, dass Gott auf den Lippen aller ist. Sie sind sehr wohltätig. Sie ziehen die Kinder ihrer armen und verstorbenen Mitglieder auf. Sie stiften ihre Töchter. Was ist an all dem schlimm?"

Was kann es schaden, wenn sich hinter diesen untadeligen Behauptungen keine dunkleren Absichten verbergen?

Zweifellos berichteten die Agenten von Weishaupt und Mendelssohn ihnen den Inhalt des Briefes der Königin; und wir können uns vorstellen, wie sie sich vor Lachen schüttelten und sich zufrieden die Hände rieben; Hände, die es in den Fingern juckte, das Leben Frankreichs und seiner Königin zu zerstören, und die zur rechten Zeit das Signal geben würden, das die geheime Verschwörung in die "Massaker von September" und die Blutbäder der Guillotine verwandeln würde.

Um die Verleumdungskampagne gegen die Königin voranzutreiben, wurde zu der Zeit, als die Finanziers und Getreidespekulanten absichtlich Armut und Hunger in Paris schufen, ein ausgeklügelter Schwindel veranstaltet.

Ein Diamantcollier im Wert von fast einer Viertelmillion wurde bei den Hofjuwelieren im Namen der Königin von einem Agenten der Jakobiner bestellt. Die unglückliche Königin wusste nichts von dieser Angelegenheit, bis man ihr das Collier zur Annahme vorlegte, woraufhin sie natürlich jede Verbindung zu dieser Angelegenheit ablehnte und darauf hinwies, dass sie es für falsch halten würde, so etwas zu bestellen, wenn es Frankreich finanziell so schlecht ginge.

Die Druckerpressen des Palais Royal wendeten sich jedoch mit voller Wucht dem Thema zu und übten jede Art von Kritik an der Königin.

Dann wurde ein weiterer Skandal für die Presse inszeniert. Eine Prostituierte aus dem Palais Royal wurde engagiert, um sich als die Königin zu verkleiden; und durch den gefälschten Brief wurde der Kardinal Prinz de Rohan dazu gebracht, die vermeintliche Königin gegen Mitternacht im Palais Royal zu treffen, in der Annahme, er werde von der Königin um Rat und Hilfe in der Frage des Colliers gebeten.

Dieses Ereignis wurde natürlich sofort den Druckereien und Pamphleten gemeldet, die eine weitere Kampagne mit den übelsten Andeutungen starteten, die man sich in Bezug auf die ganze Angelegenheit vorstellen konnte. Der bewegende Geist hinter der Szene war Cagliostro, alias Joseph Balsamo, ein Jude aus Palermo, ein Doktor der kabbalistischen Kunst und Mitglied der Illuminaten, in die er 1774 in Frankfurt von Weishaupt eingeweiht wurde.

Als das Collier schließlich seinen Zweck erfüllt hatte, wurde es nach London geschickt, wo der Jude Eliason die meisten Steine behielt. Ähnliche Angriffe richteten sich gegen viele andere anständige Menschen, die sich dem Einfluss der Jakobinerclubs widersetzten. Nach acht Jahren dieser Arbeit war der Prozess der Lähmung durch Beherrschung der Öffentlichkeit abgeschlossen.

1789, als die Finanziers den König zwangen, die Generalstände einzuberufen, war der erste Teil ihrer Revolutionspläne (d.h. die Lähmung) in jeder Hinsicht vollendet. Nun galt es nur noch, den Schlag oder die Schlagserie zu führen, die Frankreich seines Throns, seiner Kirche, seiner Verfassung, seines Adels, seines Klerus, seines Bürgertums, seiner Traditionen und seiner Kultur berauben und an ihrer Stelle, wenn das Werk der Guillotine vollbracht war, bürgerliche Holzfäller und Wasserschöpfer unter einer fremden Finanzdiktatur zurücklassen sollte.

Seit 1789 wurde eine Reihe von revolutionären Akten in Gang gesetzt, von denen jede gewaltsamer war als die vorangegangene, und jede brachte neue Forderungen und noch gewaltsamere und revolutionärere Führer hervor. Nach und nach wird jeder dieser Führer, der nur eine Marionette der wirklichen Mächte hinter der Revolution ist, abgesetzt, und sein Kopf rollt in den Korb, um sich zu den Opfern von gestern zu gesellen.

Philippe Égalité, Duc d'Orléans, diente dazu, den Boden für die Revolution zu bereiten, mit seinem Namen und seinem Einfluss die Anfänge des revolutionären Clubs zu schützen, die Freimaurerei und den Palais Royal zu popularisieren und Aktionen wie den Marsch der Frauen nach Versailles zu unterstützen.

Die "Frauen" waren bei dieser Gelegenheit meist verkleidete Männer. D'Orléans hatte den Eindruck, dass der König und die Königin von diesem Mob ermordet werden sollten, und rief selbst einen demokratischen König aus. Die wahren Planer des Marsches hatten jedoch andere Pläne im Kopf.

Ein Hauptziel war die Verlegung der königlichen Familie nach Paris, wo sie keinen Schutz durch die Armee genoss und unter der Macht der Kommune oder des Pariser Gemeinderats stand, in dem die Jakobiner das Sagen hatten.

Sie nutzten Égalité bis zur Abstimmung über das Leben des Königs, als er seine schmutzige Karriere krönte, indem er in offener Abstimmung für den Tod seines Vetters stimmte. Seine Herren hatten danach keine Verwendung mehr für seine Dienste, und er folgte seinem Cousin sehr bald auf die Guillotine, wo er von allen Klassen ausgepfiffen wurde.

Mirabeau spielt eine ähnliche Rolle wie Égalité. Er hatte die Absicht, die Revolution mit der Einsetzung Ludwigs als demokratischen Monarchen mit sich selbst als Chefberater zu beenden. Er wollte nicht, dass dem König Gewalt angetan wird. Im Gegenteil, in den letzten Tagen vor seinem mysteriösen Gifttod setzt er alles daran, dass der König aus Paris abgesetzt und loyalen Generälen unterstellt wird, die weiterhin seine Armee befehligen.

Er war der letzte der Gemäßigten und Monarchisten, der den Pariser Jakobinerklub beherrschte, jenen blutrünstigen Brennpunkt der Revolution, der aus den Geheimklubs der Freimaurer und Illuminaten des Orients hervorgegangen war. Es war Mirabeaus laute und klangvolle Stimme, die die wachsende Wut der mörderischen Fanatiker, die sich dort tummelten, in Schach hielt.

Es besteht kein Zweifel daran, dass er endlich die wahre Natur und Stärke der Bestie erkannte, an deren Entfesselung er so lange und so eifrig gearbeitet hatte. In seinem letzten Versuch, die königliche Familie zu retten, indem er sie aus Paris herausholte, gelang es ihm tatsächlich, die gesamte Opposition im Jakobinerclub niederzuschlagen. An diesem Abend starb er an einer plötzlichen und heftigen Krankheit, und wie der Autor von *"Die Diamantenkette"* schreibt:

> "Ludwig wusste nicht, dass Mirabeau vergiftet worden war."

Wie Philippe Égalité und später Danton und Robespierre wurde auch Mirabeau von der Bühne entfernt, nachdem er seine Rolle gespielt hatte. Wir werden an die Passage in Nummer 15 der *Protokolle von Zion* erinnert:

> *"Wir führen die Freimaurer so aus, dass niemand außer der Bruderschaft jemals einen Verdacht hegen kann."*

Und wieder:

> *"So werden wir mit den nichtjüdischen Freimaurern verfahren, die zu viel wissen."*

Wie Herr E. Scudder in seinem *Leben von Mirabeau* schreibt:

> *"Er starb zu einem Zeitpunkt, als die Revolution noch hätte kontrolliert werden können."*

Die Figur des Lafayette tritt während dieser ersten revolutionären Etappen bei mehreren wichtigen Gelegenheiten auf. Er war einer jener einfachen Freimaurer, die in einem Schiff, das sie nicht vollständig erforscht haben, und von Strömungen, die sie nicht kennen, getragen werden.

Obwohl er bei den revolutionären Massen sehr beliebt war, ging er bei mehreren beginnenden Ausbrüchen revolutionärer Gewalt sehr streng vor, insbesondere beim Marsch der Frauen nach Versailles, beim Angriff auf die Tuilerien und auf den Champs de Mars. Auch er strebte die Errichtung einer demokratischen Monarchie an und duldete keine Bedrohung des Königs, auch nicht durch Philippe Égalité, den er während und nach dem Marsch der Frauen nach Versailles mit äußerster Feindseligkeit behandelte, da er bei dieser Gelegenheit glaubte, Égalité beabsichtige die Ermordung des Königs und die Usurpation der Krone.

Offensichtlich wurde er zu einem Hindernis für die Mächte der Revolution und wurde zum Krieg gegen Österreich abkommandiert, zu dem die Versammlung Ludwig zwang. Einmal eilt er nach Paris zurück, um den König zu retten, wird aber wieder in den Krieg verfrachtet. Mirabeaus Tod folgte, und Ludwigs Schicksal war besiegelt.

Die wilden Gestalten von Danton, Marat, Robespierre und die Fanatiker des Jakobinerclubs beherrschten nun die Szene.

Im September 1792 kam es zu den schrecklichen "September-Massakern", bei denen allein in den Pariser Gefängnissen 8.000 Menschen ermordet wurden, und viele weitere im ganzen Land.

An dieser Stelle sei angemerkt, dass diese Opfer von einem gewissen Manuel, dem Prokuristen der Kommune, verhaftet und bis zum Zeitpunkt des Massakers in den Gefängnissen festgehalten wurden. Sir Walter Scott wusste offensichtlich viel über die Einflüsse, die hinter den Kulissen am Werk waren. In seinem *Life of Napoleon*, Vol. 2, schreibt er auf Seite 30:

> "Die Forderung der Communauté de Paris[5] , jetzt Sanhedrin der Jakobiner, war natürlich auf Blut aus."

---

[5] [Der Pariser Bezirksrat, das Äquivalent zum L.C.C. in London].

Auch hier schreibt er auf Seite 56:

> "Die Macht der Jakobiner war in Paris unwiderstehlich, wo Robespierre, Danton und Marat sich die hohen Plätze in der Synagoge teilten".

Sir Walter Scott schreibt in demselben Werk über die Kommune:

> "Die wichtigsten Anführer der Kommune scheinen Ausländer gewesen zu sein".

Einige der Namen dieser "Ausländer" sind erwähnenswert:

Da war Choderlos de Laclos, Direktor des Palais Royal, der angeblich spanischer Herkunft war.

Da war der bereits erwähnte Manuel, der Beschaffer der Kommune. Er war es, der im Konvent den Angriff auf das Königtum begann, der mit der Hinrichtung von Ludwig und Marie Antoinette seinen Höhepunkt fand.

Da war David, der Maler, ein führendes Mitglied des Ausschusses für öffentliche Sicherheit, der die Opfer "verurteilte". Seine Stimme war stets erhoben und forderte den Tod. Sir Walter Scott schreibt, dass dieser Unhold seine "blutige Arbeit des Tages mit der professionellen Phrase einzuleiten pflegte: 'Lasst uns genug vom Roten mahlen'." David war es, der den Kult des Höchsten Wesens ins Leben rief und die

> "Die Durchführung dieses heidnischen Mummenschanzes, der jedes äußere Zeichen rationaler Hingabe ersetzte." (Sir Walter Scott, *Life of Napoleon*, Bd. 2.)

Es waren Reubel und Gohir, zwei der fünf "Direktoren", die zusammen mit einem Ältestenrat nach dem Sturz von Robespierre die Regierung bildeten und als Directoire bezeichnet wurden.

Die Begriffe "Direktoren" und "Älteste" sind natürlich typisch jüdisch.

An dieser Stelle sollte noch eine weitere Bemerkung gemacht werden, nämlich dass dieses wichtige Werk von Sir Walter Scott in 9 Bänden, das so viel von der wirklichen Wahrheit enthüllt, praktisch unbekannt ist, nie zusammen mit seinen anderen Werken nachgedruckt wird und fast nicht erhältlich ist.

Diejenigen, die mit der jüdischen Technik vertraut sind, werden die volle Bedeutung dieser Tatsache zu schätzen wissen; und die zusätzliche Bedeutung, die sie den Beweisen Sir Walter Scotts über die Kräfte hinter der Französischen Revolution verleiht.

Zurück zur Szene in Paris. Robespierre bleibt nun allein und scheint Herr der Lage zu sein, aber auch das war nur Schein. Wenden wir uns *dem Leben von Robespierre* zu, von einem G. Renier, der schreibt, als ob er über jüdische Geheimnisse verfügen würde. Er schreibt:

> "Von April bis Juli 1794 (dem Sturz von Robespierre) war der Terror auf seinem Höhepunkt. Es war nie die Diktatur eines einzelnen Mannes, am wenigsten von Robespierre. Etwa 20 Männer (die Komitees für öffentliche Sicherheit und für allgemeine Sicherheit) teilten sich die Macht."

Um Herrn Renier noch einmal zu zitieren:

> "Am 28. Juli 1794" "hielt Robespierre vor dem Konvent eine lange Rede, eine Philippika gegen die Ultra-Terroristen, in der er vage allgemeine Anschuldigungen erhob: 'Ich wage es nicht, sie in diesem Augenblick und an diesem Ort zu benennen. Ich kann mich nicht dazu durchringen, den Schleier zu zerreißen, der dieses tiefe Geheimnis der Ungerechtigkeit bedeckt. Aber ich kann mit Bestimmtheit

sagen, dass unter den Urhebern dieses Komplotts die Vertreter jenes Systems der Korruption und der Verschwendung sind, das mächtigste aller Mittel, die von Ausländern erfunden wurden, um die Republik zu zerstören; ich meine die unreinen Apostel des Atheismus und der Unmoral, die ihm zugrunde liegt".

Herr Renier fährt mit der ganzen Zufriedenheit eines Juden fort:

"Hätte er diese Worte nicht gesprochen, hätte er vielleicht noch triumphiert!"

In diesem selbstgefälligen Satz setzt Herr Renier unwissentlich die i-Punkte und t-Kreuze, die Robespierre unvollendet gelassen hatte. Robespierres Anspielung auf die "verderblichen und heimlichen Ausländer" war viel zu kurz gesprungen; ein wenig mehr und die ganze Wahrheit wäre herausgekommen.

Um 2 Uhr nachts wurde Robespierre in den Kiefer geschossen[6] und am frühen Morgen des nächsten Tages zur Guillotine geschleift.

Erinnern wir uns noch einmal an *Protokoll 15*:

"So werden wir mit nichtjüdischen Freimaurern verfahren, die zu viel wissen."

---

[6] In ähnlicher Weise wurde Abraham Lincoln von dem Juden Booth erschossen, nachdem er seinem Kabinett verkündet hatte, dass er beabsichtigte, die Anleihen der USA künftig auf schuldenfreier Basis zu finanzieren, ähnlich dem als "Greenbacks" bekannten schuldenfreien Geld, mit dem er den Bürgerkrieg finanziert hatte.

DIE RUSSISCHE REVOLUTION

Monsieur Francois Coty, der berühmte Parfümhersteller, schrieb im Figaro vom 20. Februar 1932:

> "Die Subventionen, die Jacob Schiff (Kuhn Loeb & Co., New York) den Nihilisten in dieser Zeit (1905-1917) gewährte, waren nicht mehr nur ein Akt der Großzügigkeit. Auf seine Kosten war eine regelrechte russische Terrororganisation aufgebaut worden. Sie überzog Russland mit ihren Abgesandten."

Die Schaffung terroristischer Formationen durch Juden in einem Land, das für eine Revolution vorgesehen ist, sei es unter der Bezeichnung Nihilisten oder, wie in Frankreich 1789, als "Sacred Bands" oder "Marseillais", oder als "Operatives", wie in Großbritannien unter Karl I., wird nun als Standardtechnik offenbart.

Jacob Schiff finanzierte auch den Krieg Japans gegen Russland 1904-5, wie wir in der Jüdischen Enzyklopädie erfahren.

Unmittelbar nach diesem Krieg kam es in Russland zu einem Revolutionsversuch größeren Ausmaßes, der jedoch scheiterte. Der nächste Versuch während des Ersten Weltkriegs war ein voller Erfolg.

Am 3. Januar 1906 übermittelte der russische Außenminister Kaiser Nikolaus II. einen Bericht über diesen revolutionären Ausbruch, der, wie in der amerikanischen Hebräischen

Zeitung vom 13. Juli zu lesen war, die folgenden Passagen enthielt:

> "Die Ereignisse, die 1905 in Russland stattfanden, zeigen deutlich, dass die revolutionäre Bewegung einen eindeutig internationalen Charakter hat. Die Revolutionäre verfügen über große Mengen von Waffen, die aus dem Ausland importiert wurden, und über sehr beträchtliche finanzielle Mittel, so dass man zu dem Schluss kommen muss, dass es ausländische kapitalistische Organisationen gibt, die daran interessiert sind, unsere revolutionäre Bewegung zu unterstützen. Wenn wir dem noch hinzufügen, dass, wie zweifelsfrei bewiesen wurde, Juden **als Ringführer in anderen Organisationen** sowie in ihren eigenen eine sehr bedeutende Rolle spielen... immer das kriegerischste Element der Revolution... dürfen wir uns berechtigt fühlen, anzunehmen, dass die oben erwähnte ausländische Unterstützung der russischen revolutionären Bewegung aus jüdischen kapitalistischen Kreisen stammt."

Die Annahme in dem vorstehenden Bericht war in der Tat gut begründet. Sie sollte durch ein noch wichtigeres offizielles Dokument bestätigt werden, das auf dem Höhepunkt der Revolution selbst, im Jahre 1918, von Herrn Oudendyke, dem Vertreter der niederländischen Regierung in St. Petersburg, verfasst wurde, der nach der Liquidierung unserer Botschaft durch die Bolschewiki für die britischen Interessen in Russland zuständig war.

Dieser Bericht von Herrn Oudendyke wurde von Herrn Balfour, an den er gerichtet war, als so wichtig erachtet, dass er in einem Weißbuch der britischen Regierung über den Bolschewismus vom April 1919 wiedergegeben wurde. (Russland Nr. 1.)

Darin habe ich die folgende Passage gelesen:

> "Wenn der Bolschewismus nicht sofort im Keim erstickt wird, wird er sich in der einen oder anderen Form über Europa und die ganze Welt ausbreiten, da er von Juden organisiert

und betrieben wird, die keine Nationalität haben und deren einziges Ziel darin besteht, die bestehende Ordnung der Dinge für ihre eigenen Zwecke zu zerstören."

Ein noch deutlicheres Licht auf diese Ereignisse wirft ein Artikel, der am 12. April 1919 in der Zeitung *"The Communist"* in Charkow von einem gewissen M. Cohen geschrieben wurde:

> "Die große russische Revolution wurde in der Tat durch die Hände von Juden vollbracht. In den Reihen der Roten Armee gibt es keine Juden, soweit es sich um Gefreite handelt, aber in den Komitees und in der Sowjetorganisation als Kommissare führen die Juden galant die Massen an. Das Symbol des Judentums ist zum Symbol des russischen Proletariats geworden, was sich in der Übernahme des fünfzackigen Sterns zeigt, der in früheren Zeiten das Symbol des Zionismus und des Judentums war."

Herr Fahey ist in seinem wichtigen und authentischen Werk *"The Rulers of Russia"* (*Die Herrscher Russlands*) genauer und stellt fest, dass 1917 von den 52 Personen, die die Führung in Russland übernahmen, alle außer Lenin Juden waren.[7]

So gründlich war die Massenliquidierung aller außer Holzfällern und Wasserschöpfern in Russland, dass dieser jüdische Griff unverändert blieb. Dr. Fahey erzählt uns, dass 1935 die Zentrale Exekutive der Dritten Internationale, die Russland regiere, "aus 59 Männern bestand, von denen 56 Juden waren. Die anderen drei, einschließlich Stalin, waren mit Jüdinnen verheiratet. Von den 17 wichtigsten sowjetischen Botschaftern waren 4 Juden." (*Rulers of Russia*, Seiten 8 und 9.)

Pfarrer George Simons, der von 1907 bis Oktober 1918

---

[7] Herr Fahey muss irgendwie die Tatsache übersehen haben, dass Lenin selbst ein Jude war. Das würde dann bedeuten, dass ALLE, die in Russland die Führung übernahmen, Juden waren.

Superintendent der Methodist Episcopal Church in St. Petersburg war, erschien am 12. Februar 1919 vor einem Ausschuss des Senats der Vereinigten Staaten und berichtete über seine persönlichen Kenntnisse der Ereignisse in Russland bis zu seiner Abreise. Dr. Fahey zitiert ihn mit den Worten, die er während dieser Aussage machte:

> "Im Dezember 1918 waren von den 388 Mitgliedern der Revolutionsregierung nur 16 echte Russen; alle anderen waren Juden, mit Ausnahme eines amerikanischen Negers. Zweihundertfünfundsechzig der Juden stammen aus der Lower East Side von New York."

So sieht die Lage in der UdSSR von diesem Tag an bis heute aus.

Obwohl eine Reihe von Juden bei der so genannten "Moskauer Säuberung" liquidiert wurde, änderte dies nichts an der Situation. Es bedeutete lediglich, dass eine jüdische Gruppierung über eine andere triumphierte und diese liquidierte. Es hat nie so etwas wie eine heidnische Revolte gegen die jüdische Vorherrschaft gegeben.

Die Tatsache, dass einige Juden von siegreichen Gruppierungen hinter dem Eisernen Vorhang liquidiert wurden, konnte dazu benutzt werden, der Welt da draußen vorzugaukeln, dass dies das Ergebnis eines antisemitischen Aufstandes war, und von Zeit zu Zeit wurde ein solcher Schwindel systematisch propagiert.

Als sich die Weltöffentlichkeit allmählich feindselig gegenüber der UdSSR verhielt, begannen wichtige Juden zu befürchten, dass dieses Gefühl in Verbindung mit der allmählichen Erkenntnis, dass der Bolschewismus jüdisch ist, für sie unangenehme Folgen haben könnte.

Um 1945 wurde daher von einflussreichen jüdischen Kreisen, vor allem in den USA, eine weitere mächtige Kampagne organisiert, um erneut die Geschichte zu verbreiten, Russland habe sich gegen die Juden gewandt. Offensichtlich versäumten sie es jedoch, ihre kleineren Brüder von diesem Schritt in Kenntnis zu setzen, so dass es bald zu empörten und informierten Dementis kam.

In der Zeitschrift Bulletin, dem Organ der Glasgow Discussion Group, hieß es im Juni 1945:

> "Der Unsinn, der jetzt über das Anwachsen des Antisemitismus in Russland verbreitet wird, ist nichts als böswillige Lüge und reine Erfindung."

Am 1. Februar 1949 veröffentlichte der *Daily Worker* ( ) einen Artikel, in dem ein Herr Parker einige Namen und Zahlen von Juden in hohen Ämtern in der U.S.S.R. nannte, von der er offensichtlich kürzlich zurückgekehrt war, denn er schrieb:

> "Ich habe nie einen Hauch von Kritik an diesem Zustand gehört... Antisemitismus würde einen sowjetischen Beamten ebenso strafbar machen wie einen Privatmann, der wegen Antisemitismus vor Gericht gestellt werden kann."

Am 10. November 1949 druckte der *Daily Worker*, dieser ständige und glühende Verfechter der Juden, einen Artikel von Herrn D. Kartun mit dem Titel "Stamping Out Antisemitism", der die vollständige jüdische Kontrolle hinter dem eisernen Vorhang zeigt, wenn er schreibt:

> "In Polen und den anderen Volksdemokratien wird Antisemitismus in Wort oder Tat am härtesten bestraft."

Zwischen 1945 und 1949 wurde die Propaganda, die Nichtjuden außerhalb des Eisernen Vorhangs davon überzeugen sollte, dass in diesem Gebiet der Antisemitismus grassierte und die Juden überall aus hohen Ämtern vertrieben wurden, energisch vorangetrieben. Eine ganze Reihe von Menschen, die es besser hätten wissen müssen, begannen dies zu glauben; so sehr, dass ich es im Herbst des letzten Jahres für lohnenswert hielt, eine Liste herauszugeben, aus der die Anzahl der wichtigen Positionen hervorging, die von Juden hinter dem Eisernen Vorhang besetzt waren. Hier ist ein Auszug aus diesen Listen.

U.S.S.R.

Premiere	Stalin	Verheiratet mit einer Jüdin
Vize-Premierminister	Kaganowitsch[8]	Jude
Ministerium für staatliche Kontrolle	Mekhlis	Jude
Militär- und Schiffbau Ginsburg	Ginsburg	Jude
Minister Cominform Organ	Yudin	Jude
Chef-Publizist im Ausland für die U. S. S. R.	Ilya Eherenburg	Jude
Ministerium für Bauwesen Unternehmen Maschinen	Yudin	Jude
Außenminister	Molotoff	Verheiratet mit einer Jüdin

POLEN

Virtueller Herrscher	Jakob Bergmann	Jude
Staatsanwältin	T. Cyprian	Jude
O.C. Youth Movements	Dr. Braniewsky	Jude

---

[8] Kagan" oder "Khagan" ist das chasarische Wort für "König". Mehr als 90 % der heutigen Juden sind weder semitisch, noch sind es ihre Vorfahren. Sie gehören dem turko-mongolischen Stamm der Chasaren an, dessen Kagan um 740 n. Chr. den Talmudismus übernahm.

UNGARN

Virtueller Herrscher	Mathias Rakosi	Jude

ROUMÄNIEN

Virtueller Herrscher	Anna Pauker	Jüdin

(Inzwischen wegen "Abweichung" entfernt und durch einen anderen Juden ersetzt).

JUGOSLAWIEN

Virtueller Herrscher	Moishe Pyjede	Jude

Im Mai 1949 druckte der Daily Worker, der natürlich konsequent und leidenschaftlich pro-jüdisch ist, einen Artikel von Herrn A. Rothstein, in dem er die UdSSR in den höchsten Tönen lobte, und etwa zur gleichen Zeit einen weiteren Artikel mit ähnlichem Inhalt über das Paradies hinter dem Eisernen Vorhang von Herrn Sam Aronvitch.

Am 10. November druckte die gleiche Zeitung einen Artikel, in dem D. Kartun über die "Volksdemokratien" und die Ausrottung des Antisemitismus dort schrieb:

> "Niemand käme auf die Idee, in irgendeinem dieser Länder eine antisemitische Rede zu halten oder einen antisemitischen Artikel zu schreiben. Wenn sie es täten, würden sie sofort und lange ins Gefängnis kommen".

In den letzten Jahren haben wir weitere dramatische Beweise für die lebenswichtigen Beziehungen zwischen den Juden und der UdSSR erhalten.

Von den kanadischen Spionageprozessen, die die Atomspionage für die U.S.S.R. ins Rampenlicht rückten, mit der Verurteilung und Inhaftierung von Frank Rosenberg (alias Rose), dem kanadischen jüdisch-kommunistischen Parlamentsabgeordneten, und mehreren Juden, bis hin zur Verurteilung und Inhaftierung vieler anderer Mitglieder der gleichen Bande in Großbritannien und den USA, darunter Fuchs, Professor Weinbaum, Judith Coplon, Harry Gold, David Greenglass, Julius Rosenberg, Miriam Moskewitz, Abraham Brothanz und Raymond Boyer, der - obwohl von Geburt an Nichtjude - eine Jüdin heiratete und bei dieser Gelegenheit, wie ich glaube, das jüdische Glaubensbekenntnis annahm.

Schließlich gab es den Flug in die UdSSR mit den Atomgeheimnissen auch des jüdischen Professors Pontecorvo, der eng mit Fuchs zusammengearbeitet hatte.

Zweifellos werden wir weiterhin mit plausiblen Geschichten beglückt werden, die beweisen, dass Russland antisemitisch geworden ist; aber es ist nicht schwer zu erkennen, dass ein solcher jüdischer Griff, der von den ausgeklügeltsten Spionage- und Liquidationskommandos unterstützt wird, die Welt erschüttern würde, bevor sein Griff gebrochen werden könnte.

ENTWICKLUNG DER REVOLUTIONÄREN TECHNIK

Vier Revolutionen in der Geschichte verdienen unsere besondere Aufmerksamkeit. Das Studium und der Vergleich der dabei angewandten Methoden wird einerseits eine grundlegende Ähnlichkeit zwischen ihnen offenbaren, andererseits aber auch einen interessanten Fortschritt in der Technik bei jeder aufeinanderfolgenden Umwälzung. Es ist, als ob wir die verschiedenen Stadien in der Entwicklung des modernen Gewehrs aus dem ursprünglichen alten "Brown Bess" untersuchen würden.

Dabei handelt es sich erstens um die Cromwellsche, zweitens um die französische, drittens um die russische und schließlich um die spanische Revolution von 1936.

Alle vier waren nachweislich das Werk des internationalen Judentums. Die ersten drei waren erfolgreich und sorgten für die Ermordung des herrschenden Monarchen und die Liquidierung seiner Unterstützer.

In jedem Fall sind die jüdischen Finanzen und die Intrigen im Untergrund eindeutig nachweisbar, und die ersten Maßnahmen, die von den Revolutionären ergriffen wurden, waren die "Emanzipation" der Juden.

Cromwell wurde von verschiedenen Juden finanziert, insbesondere von Manasseh Ben Israel und Carvajal "dem großen Juden", dem Auftragnehmer seiner Armee.

Bei dieser Gelegenheit blieb der jüdische Einfluss finanzieller und kommerzieller Natur, während die Propagandawaffen und -mittel halbreligiös waren, denn alle Cromwellianer waren vom alttestamentarischen Judentum durchdrungen; einige, wie General Harrison, trieben ihr Judentum sogar so weit, dass sie für die Übernahme des mosaischen Gesetzes als Gesetz Englands und die Ersetzung des Samstags als Sabbat anstelle des christlichen Sonntags eintraten.

Wir alle kennen die absurden Passagen aus dem Alten Testament, die sich die Roundheads als Namen gaben, wie z. B. den des Feldwebels Obadja: "Bindet ihre Könige in Ketten und ihre Edelleute in eiserne Fesseln." Die Cromwellsche Revolution war nur von kurzer Dauer. Das Werk der Zerstörung war nicht gründlich genug gewesen, um eine Gegenrevolution und die Wiederherstellung des alten Regimes zu verhindern.

Eine zweite Revolution, die so genannte "glorreiche Revolution" von 1689, war notwendig. Auch diese wurde von Juden finanziert, insbesondere von Solomon Medina, Suasso, Moses Machado und anderen.

Bis zur französischen Revolution von 1789 war die Technik deutlich verbessert worden. In den vorangegangenen Jahren waren in ganz Frankreich Geheimgesellschaften in großem Stil entstanden. Die Pläne für die Beseitigung des alten Regimes waren zu diesem Zeitpunkt weitaus drastischer.

An die Stelle der gerichtlichen Ermordung eines gütigen und wohlmeinenden Königs und einiger Adliger treten Massenmorde in Gefängnissen und Privathäusern an der Gesamtheit des Adels, des Klerus, des Großbürgertums und des Bürgertums, unabhängig vom Geschlecht.

Die Beschädigung und Entweihung einiger weniger Kirchen durch die vorübergehende Nutzung als Stallungen unter Cromwell geht über in eine allgemeine Zerstörung christlicher

Kirchen oder ihre Umwandlung in öffentliche Toiletten, Bordelle und Märkte sowie in das **Verbot der Ausübung der christlichen Religion** und sogar des Läutens der Kirchenglocken.

Der Bürgerkrieg darf sich nicht entwickeln. Die Armee wird auf die Seite gedrängt und durch seine frühzeitige Ergreifung von ihrem König getrennt. Die unsichtbare Kontrolle von 1789 ist so stark, dass der Abschaum der französischen Bevölkerung scheinbar siegreich alle ihre natürlichen Führer liquidiert, was an sich schon ein höchst unnatürliches und verdächtiges Phänomen ist.

Noch verdächtiger ist das plötzliche Auftauchen starker Banden bewaffneter Hooligans, die von Lyon und Marseille aus auf Paris marschieren **und als offensichtliche Ausländer bezeichnet werden.**

Hier haben wir die ersten Formationen fremder Söldner und krimineller Elemente, die einem fremden Land Revolutionen aufzwingen, die ihr vollendetes und erweitertes Vorbild in den Internationalen Brigaden haben sollten, die 150 Jahre später versuchten, Spanien den Marxismus aufzuzwingen.

England im 17. Jahrhundert war nicht zerstückelt und auf grausame Weise nach fremdem Vorbild umgestaltet worden; aber im Frankreich des 18. Jahrhunderts wurden alle vertrauten Landmarken zerstört. Die prächtigen und historischen Namen und Titel der Grafschaften, Departements und Familien wurden abgeschafft, und Frankreich wurde in nummerierte Quadrate aufgeteilt, die lediglich von "Bürgern" bewohnt wurden.

Sogar die Monate des Kalenders wurden geändert. Die Nationalflagge Frankreichs mit ihren Lilien und ihrem Ruhm wurde verbannt. Stattdessen erhielten die Franzosen die Trikolore, das Abzeichen für Mord und Raub. Doch hier unterlief den Planern ein Fehler.

Die Trikolore ist vielleicht nicht die ehrwürdige und berühmte Flagge Frankreichs. Sie mag mit dem Blut von Massakern, Regimord und Schurkerei getränkt sein. Sie mochte nach dem Schleim der jüdischen Verbrecher stinken, die sie entworfen und dem französischen Volk untergeschoben hatten; aber sie wurde zur Nationalflagge erklärt, und sie wurde zur Nationalflagge; und mit der Nationalflagge kamen die Nationalarmee und ein nationaler Führer, Napoleon.

Es dauerte nicht lange, bis sich dieser große Franzose mit den geheimen Mächten anlegte, die bis dahin die Armeen Frankreichs kontrollierten. Sie hatten vor, mit diesen Armeen nacheinander alle europäischen Staaten zu revolutionieren, jede Führung zu stürzen und eine Herrschaft des Pöbels zu errichten, die scheinbar, in Wirklichkeit aber natürlich ihre eigene war.

Genau auf diese Weise wollen die Juden heute die Rote Armee einsetzen. Eine solche Politik unter der Leitung von Ausländern dieser Art konnte nicht lange fortgesetzt werden, sobald eine nationale Armee einen echten nationalen Führer aufgestellt hatte; ihre Anschauungen und ihre Politik mussten zwangsläufig auseinanderklaffen. Es dauerte nicht lange, bis der Erste Konsul diese Fremden und ihre Marionetten herausforderte und stürzte.

Im Jahr 1804 hatte Napoleon den Juden und seine Pläne als Bedrohung für Frankreich erkannt, und alles, was die Revolution hinweggefegt hatte, stellte er systematisch wieder her. Von diesem Zeitpunkt an finanzierte jüdisches Geld jede Koalition gegen ihn; und Juden rühmen sich heute, dass es Rothschild und nicht Wellington war, der Napoleon besiegte.

In Kenntnis dieser Tatsachen ordnete Hitler bei seiner Einnahme von Paris sofort eine ständige Ehrenwache am Grab Napoleons in den Invalidendom an und ließ den Leichnam von L'Aiglon (Napoleons Sohn von Maria Louisa) aus Österreich überführen, um ihn endlich an seinem Platz an der Seite seines

Vaters zu bestatten.

Wenn wir die russische Revolution untersuchen, stellen wir fest, dass die Technik noch kühner und viel drastischer ist. Bei dieser Gelegenheit sind keine Nationalflagge, keine Armee und keine Hymne erlaubt. Nachdem der Abschaum der Gesellschaft scheinbar das Unmögliche vollbracht und jede andere Klasse bis hin zum Kulaken (ein Mann mit drei Kühen) liquidiert hat, werden sie zu einer polyglotten Truppe zusammengetrieben, die sich Rote Armee nennt; über ihnen weht eine internationale rote Fahne, keine russische Fahne; ihre Hymne ist die Internationale.

Die Technik der Revolution in Russland wurde so perfektioniert, dass sie bis heute das dort etablierte jüdische Regime gegen alle Gegenschläge abgesichert hat.

Die nächste Revolution, die unsere Aufmerksamkeit verdient, ist diejenige, die 1936 in Spanien ausbrach. Zum Glück für Europa wurde sie von General Franco und einer Reihe tapferer Männer vereitelt, die sich den revolutionären Kräften sofort entgegenstellten und sie in einem langen Kampf erfolgreich niederschlugen.

Diese Errungenschaft ist umso bemerkenswerter angesichts der neuesten Entwicklung der revolutionären Organisation, die sich damals in Form der Internationalen Brigaden zeigte. Diese Internationalen Brigaden stellten nicht nur die allerneueste revolutionäre Technik dar, sondern waren auch eine bemerkenswerte Produktion.

Sie rekrutierten sich aus Kriminellen, Abenteurern und Dummköpfen, zumeist Kommunisten, aus 52 verschiedenen Ländern, wurden auf geheimnisvolle Weise transportiert und innerhalb weniger Wochen nach Ausbruch der Unruhen in Spanien in Formationen zusammengestellt, in einer Kleidung, die unserer Kampfkleidung sehr ähnlich ist, und mit Waffen bewaffnet, die den jüdischen fünfzackigen Stern tragen.

Dieser Stern und das Siegel Salomons befanden sich auf den Siegelringen der Unteroffiziere und Offiziere dieser kommunistischen Horde undisziplinierter Rüpel. Ich habe sie selbst beim Tragen gesehen.

Im Oktober 1936 waren diese Internationalen Brigaden in Spanien bereits in beträchtlicher Zahl versammelt. Obwohl sie undiszipliniert und ungehobelt waren, konnte man davon ausgehen, dass allein die Tatsache, dass eine große und gut bewaffnete politische Armee in der Anfangsphase eines Bürgerkriegs plötzlich auf einer Seite intervenierte, eine Entscheidung herbeiführen würde, bevor das patriotische und anständige Element im Lande Zeit hatte, eine angemessene Kampfmaschine aufzubauen.

Obwohl die britische Öffentlichkeit über die wahre Bedeutung der Ereignisse in Spanien in völliger Unkenntnis gehalten wurde, waren zwei Länder in Europa über die Situation im Bilde. Deutschland und Italien hatten beide die kommunistische Revolution durchgemacht und diese übelste aller irdischen Plagen besiegt. Sie wussten, wer die Internationalen Brigaden finanziert und organisiert hatte, und mit welcher Absicht Barcelona im Oktober 1936 zur Hauptstadt der Sowjetstaaten Westeuropas erklärt worden war.

Im kritischen Moment griffen sie [Hitler und Mussolini] in gerade ausreichender Stärke ein, um der Internationalen Brigade entgegenzuwirken und es dem spanischen Volk zu ermöglichen, seine eigene Armee zu organisieren, die die Angelegenheit zu gegebener Zeit leicht erledigte. Das heißt, die Angelegenheit war für Spanien erledigt.

Eine weitere Einigung stand jedoch noch aus. Das internationale Judentum war ernsthaft vereitelt worden. Sie würden von nun an nicht eher ruhen, bis sie sich rächen könnten, bis sie auf Biegen und Brechen die Waffen der übrigen Welt gegen diese beiden Staaten richten könnten, die nicht nur ihre Pläne in Spanien vereitelten, sondern auch dabei waren, Europa auf ein von Gold und Wucher unabhängiges System zu stellen, das, wenn man es sich entwickeln ließe, die jüdische Macht für immer brechen würde.

DEUTSCHLAND LÄUTET DIE KATZE

Der dringende Alarm, den Herr Oudendyke 1918 in seinem Brief an Herrn Balfour schlug, indem er den Bolschewismus als einen jüdischen Plan anprangerte, der Europa und die Welt verschlingen würde, wenn er nicht durch das gemeinsame Vorgehen der europäischen Mächte aufgehalten würde, war keine Übertreibung.

Gegen Ende des Jahres wurde in den meisten großen Städten Europas die rote Fahne gehisst. In Ungarn organisierte der Jude Bela Kuhn eine gnadenlose und blutige Tyrannei, ähnlich der in Russland, und hielt sie eine Zeit lang aufrecht. In Deutschland strebten die Juden Leibknecht, Barth, Scheidemann, Rosa Luxemburg usw. verzweifelt nach der Macht. Diese und ähnliche Erschütterungen erschütterten Europa, aber jedes Land vereitelte auf seine Weise die Angriffe.

In den meisten betroffenen Ländern erhoben sich einige wenige Stimmen in dem Bemühen, die wahre Natur dieser Übel aufzudecken. Aber nur in einem Land gab es einen politischen Führer und eine Gruppe, die die Bedeutung dieser Ereignisse voll erfasste und hinter dem Mob der einheimischen Hooligans die Organisation und die treibende Kraft des Weltjudentums erkannte.

Dieser Führer war Adolf Hitler, und seine Gruppe die Nationalsozialistische Partei Deutschlands.

Niemals zuvor in der Geschichte hatte ein Land nicht nur eine organisierte Revolution abgewehrt, sondern auch das Judentum hinter ihr erkannt und sich dieser Tatsache gestellt. Wir brauchen uns nicht zu wundern, dass die Abwasserkanäle jüdischer Verunglimpfung über diese Männer und ihren Führer geflutet wurden; noch sollten wir den Fehler machen, anzunehmen, dass das Judentum zu jeder Lüge greifen würde, um ehrliche Menschen überall davon abzuhalten, die Fakten selbst gründlich zu untersuchen.

Wer jedoch die Freiheit schätzt und sich aufmacht, die Wahrheit zu suchen und sie zu verteidigen, kann sich dieser Pflicht zur persönlichen Untersuchung nicht entziehen. Die Lügen und Falschdarstellungen einer von Juden kontrollierten oder beeinflussten Presse unhinterfragt zu akzeptieren, bedeutet, die Wahrheit aus purer Trägheit zu verschmähen, wenn nicht sogar aus einem noch schlimmeren Grund.

Auf einer solchen ungeprüften Grundlage zu handeln, ist eine Sünde gegen das Licht.

Im Fall von Deutschland und Hitler ist die Aufgabe der Forschung nicht schwierig. Wir wissen von vielen Stellen, dass Hitlers Buch *"Mein Kampf"* die Beobachtungen und Schlussfolgerungen des Autors in Bezug auf all diese wichtigen Fragen vollständig und genau wiedergibt.

Über dieses Buch sind bewusst falsche Bilder verbreitet worden, indem Passagen aus dem Zusammenhang gerissen, Bedeutungen verdreht und schlichtweg falsch dargestellt wurden. Nachdem ich viele dieser skrupellosen Hetzreden gelesen hatte, war ich nicht wenig überrascht, als ich dieses Buch vor nicht allzu langer Zeit selbst las.

Aus vielen Gesprächen, die ich gehört und an denen ich teilgenommen habe, weiß ich nun, dass die meisten Mitglieder der Öffentlichkeit ebenso wenig wie ich über die wahre Natur dieses bemerkenswerten Buches wussten. Ich schlage daher vor, zu versuchen, ein wahres Bild seines Geistes und seiner

Absicht durch Zitate aus seinen beiden Hauptthemen zu vermitteln: Erstens die Verwirklichung und Entlarvung des jüdischen Plans für den Weltmarxismus und zweitens die Bewunderung für und die Sehnsucht nach Freundschaft mit Großbritannien. Hitler schreibt über die Tage vor 1914:

> "Ich sah das Judentum immer noch als eine Religion an... Von der Existenz bewusster Judenfeindschaft hatte ich keine Vorstellung... Allmählich wurde mir klar, dass die sozialdemokratische Presse überwiegend von Juden kontrolliert wurde... Es gab kein einziges Blatt, mit dem Juden in Verbindung standen, das man als wirklich national bezeichnen konnte... Ich beschlagnahmte alle sozialdemokratischen Flugblätter, die ich in die Finger bekam, und sah die Namen ihrer Autoren nach - nichts als Juden."

Als er sich mit diesen Fragen weiter beschäftigte, begann Hitler, die Grundzüge der Wahrheit zu erkennen:

> "Ich habe mich auch eingehend mit dem Verhältnis zwischen Judentum und Marxismus befasst... Der jüdische Staat hatte niemals räumliche Grenzen; er war räumlich unbegrenzt, aber durch seine Auffassung von sich selbst als Ethnie gebunden. Dieses Volk war also immer ein Staat im Staate... Die jüdische Lehre des Marxismus lehnt das aristokratische Prinzip in der Natur ab... leugnet den Wert des Individuums unter den Menschen, bekämpft die Bedeutung von Nationalität und Ethnie und beraubt damit die Menschheit des ganzen Sinns ihrer Existenz."

> "Die Demokratie im Westen ist heute der Vorläufer des Marxismus, der ohne die Demokratie nicht denkbar wäre."

> "Wenn der Jude mit Hilfe seines marxistischen Glaubens die Völker der Welt erobert, wird seine Krone der Totenkranz des Menschengeschlechts sein..."

Er schreibt über die Tage von 1918:

> "So glaube ich nun, dass ich, indem ich mich gegen die Juden verteidige, das Werk des Herrn tue."

Ende 1918 kam es in Deutschland zu einer Revolution, die hinter der ungebrochenen Armee im Feld organisiert war. Dazu schrieb Hitler:

> "Im November kamen Matrosen in Lastwagen und riefen uns alle zum Aufstand auf, wobei einige jüdische Jugendliche die Anführer in diesem Kampf für die 'Freiheit, Schönheit und Würde unseres nationalen Lebens' waren. Nicht einer von ihnen war jemals an der Front gewesen.

> "Der eigentliche Organisator der Revolution und ihr eigentlicher Drahtzieher ist der internationale Jude... Die Revolution wurde nicht von den Kräften des Friedens und der Ordnung gemacht, sondern von denen des Aufruhrs, des Raubes und der Plünderung."

> "Ich fing an, neu zu lernen, und kam erst jetzt (1919) zu einem richtigen Verständnis der Lehren und Absichten des Juden Karl Marx. Erst jetzt verstand ich sein 'Kapital' richtig; und ebenso den Kampf der Sozialdemokratie gegen die Nationalökonomie; und dass es ihr Ziel ist, den Boden für die Herrschaft des wahrhaft internationalen Kapitals zu bereiten." [Der Kaiser bot den Führern des Marxismus die Hand der Freundschaft... Während sie die kaiserliche Hand in der ihren hielten, tastete die andere Hand bereits nach dem Dolch."

> "Mit dem Juden gibt es kein Feilschen, sondern nur das harte 'entweder, oder'." Später beschreibt Hitler sehr detailliert die Umrisse der jüdischen Zerrüttungsmaschine.

> "Mit Hilfe der Gewerkschaften, die die Rettung der Nation hätten sein können, zerstört der Jude in Wirklichkeit die Wirtschaft der Nation."

> "Durch die Schaffung einer Presse, die sich auf dem intellektuellen Niveau der am wenigsten Gebildeten befindet, erhält die politische und gewerkschaftliche Organisation eine Zwangsgewalt, die es ihr ermöglicht, die untersten Schichten

des Volkes für die gefährlichsten Unternehmungen bereit zu machen."

"Die jüdische Presse... reißt alles nieder, was als Stütze der Unabhängigkeit, der Zivilisation und der wirtschaftlichen Selbständigkeit einer Nation angesehen werden kann. Sie wettert vor allem gegen Persönlichkeiten, die sich weigern, das Knie vor der jüdischen Herrschaft zu beugen, oder deren intellektuelle Fähigkeiten dem Juden als Bedrohung für sich selbst erscheinen."

"Die Unwissenheit der Masse... und der Mangel an instinktiver Wahrnehmung unserer Oberschicht machen das Volk zum leichten Opfer dieser jüdischen Lügenkampagne."

"Aber die heutige Zeit arbeitet an ihrem eigenen Ruin; sie führt das allgemeine Wahlrecht ein, schwatzt von Gleichberechtigung und kann keinen Grund für dieses Denken angeben. In ihren Augen sind materielle Belohnungen der Ausdruck des Wertes eines Menschen, wodurch die Grundlage für die edelste Gleichheit, die es überhaupt geben kann, zerstört wird."

"Es ist eine der Aufgaben unserer Bewegung, eine Zeit in Aussicht zu stellen, in der dem Einzelnen das gegeben wird, was er zum Leben braucht; aber auch den Grundsatz aufrechtzuerhalten, dass der Mensch nicht nur für den materiellen Genuss lebt."

"Allein das politische Leben von heute hat sich beharrlich von diesem "Naturprinzip" (d.h. der Qualität) abgewandt..."

"Die menschliche Zivilisation ist nur das Ergebnis der schöpferischen Kraft der Persönlichkeit in der Gemeinschaft als Ganzes und vor allem bei ihren Führern... das Prinzip der Würde der Mehrheit beginnt, alles Leben darunter zu vergiften und in der Tat zu zerbrechen."

"Wir sehen jetzt, dass der Marxismus die verkündete Form des jüdischen Versuchs ist, die Bedeutung der Persönlichkeit in allen Bereichen des menschlichen Lebens abzuschaffen und an ihre Stelle die Masse der Zahlen zu setzen..."

"Das Prinzip der Mehrheitsentscheidung hat das Menschengeschlecht nicht immer beherrscht; im Gegenteil, es taucht nur in ganz kurzen Perioden der Geschichte auf, und das sind immer Perioden der Dekadenz der Nationen und Staaten."

"Wir dürfen nicht vergessen, dass der internationale Jude, der weiterhin über Russland herrscht, Deutschland nicht als Verbündeten betrachtet, sondern als einen Staat, der dazu bestimmt ist, ein ähnliches Schicksal zu erleiden."

Auf der letzten Seite und im fast letzten Absatz von Mein Kampf steht folgendes:

"Die Partei als solche steht für ein positives Christentum, bindet sich aber in der Frage des Glaubensbekenntnisses an keine bestimmte Konfession. Sie bekämpft den jüdisch-materialistischen Geist in uns und außerhalb von uns."

Auf der Suche nach Hilfe im Kampf gegen die schreckliche Bedrohung durch den von Juden gelenkten Bolschewismus kehrte Hitlers Denken immer wieder nach Großbritannien und dem Britischen Empire zurück. Er sehnte sich immer nach ihrer Freundschaft. Er erklärte immer, dass Großbritannien eines der größten Bollwerke gegen das Chaos sei und dass seine Interessen und die Deutschlands sich ergänzen und nicht im Widerspruch zueinander stehen würden.

Er schrieb:

"Es war nicht ein britisches, sondern in erster Linie ein jüdisches Interesse, Deutschland zu vernichten." Und weiter: "Auch in England findet ein ständiger Kampf zwischen den Vertretern der britischen Staatsinteressen und der jüdischen Weltdiktatur statt."

"Während England sich anstrengt, seine Stellung in der Welt zu behaupten, organisiert der Jude seine Maßnahmen zu seiner Eroberung... So ist der Jude heute ein Rebell in England, und der Kampf gegen die jüdische Weltbedrohung wird auch dort aufgenommen werden."

"Kein Opfer wäre zu groß gewesen, um Englands Bündnis zu gewinnen. Es hätte bedeutet, auf die Kolonien und die Bedeutung zur See zu verzichten und sich der Einmischung in die britische Industrie durch Konkurrenz zu enthalten."

In späteren Jahren wurden diese beiden Themen unaufhörlich vorgetragen, nämlich die jüdisch-marxistische Bedrohung und das Streben nach Freundschaft mit Großbritannien. Sogar bis einschließlich Dünkirchen drängte Hitler die letztere Idee allen und jedem auf, sogar seinen höchsten Generälen, zu deren Erstaunen.

Er beließ es auch nicht bei Worten, wie sich später zeigen wird, als er, wie Liddell Hart berichtet, die britische Armee vor der Vernichtung rettete, indem er das Panzerkorps aufhielt und dabei seinen Generälen mitteilte, dass er das britische Empire und die katholische Kirche als notwendige Bollwerke des Friedens und der Ordnung betrachte, die geschützt werden müssten.[9]

Noch bevor es die Druckerei verlassen hatte, waren die Schleusen des Judenhasses und der Lügen gegen Hitler und das Dritte Reich in der ganzen Welt geöffnet worden.

Überall wurden englischsprachige Menschen mit Erfindungen, Verzerrungen und Gräuelgeschichten überschwemmt, die die Stimmen der wenigen, die die wirkliche Situation verstanden, übertönten.

Vergessen wurde in dem Tumult die Parole von Marx, dass das britische Empire zerstört werden müsse, bevor der

---

[9] *Die andere Seite des Hügels*, Kap. X, von Liddell Hart. Mein Kampf wurde erstmals im Oktober 1933 veröffentlicht.

Bolschewismus triumphieren könne; und völlig verdrängt wurde von der britischen Bevölkerung die wiederholte Erklärung Hitlers, dass er bereit sei, das britische Empire zu verteidigen, wenn er dazu aufgefordert würde, notfalls mit Waffengewalt zu helfen.

1933: DAS JUDENTUM ERKLÄRT DEN KRIEG

Die englische Ausgabe von *Mein Kampf* befand sich noch in der Druck- und Veröffentlichungsphase, als das Judentum dem nationalsozialistischen Regime den Krieg erklärte und eine intensive Blockade gegen Deutschland begann.

Die Internationale Jüdische Boykottkonferenz wurde im Sommer 1933 in Holland unter dem Vorsitz von Samuel Untermeyer aus den USA einberufen, der zum Präsidenten des Jüdischen Weltwirtschaftsbundes gewählt worden war, der zur Bekämpfung der Judenfeindlichkeit in Deutschland gegründet worden war.

Nach seiner Rückkehr in die USA hielt Herr Untermeyer eine Ansprache über die Station W.A.B.C., deren Text, wie in der *New York Times* vom 7. August 1933 abgedruckt, mir vorliegt. Herr Untermeyer bezog sich in den einleitenden Sätzen auf:

> "Der heilige Krieg für die Sache der Menschheit, in den wir uns begeben haben", und fuhr fort, das Thema ausführlich zu behandeln, wobei er die Juden als die Aristokraten der Welt bezeichnete. "Jeder von euch, ob Jude oder Nichtjude, der noch nicht in diesen heiligen Krieg eingetreten ist[10], sollte dies jetzt und hier tun."

Diejenigen Juden, die nicht mitmachten, prangerte er an,

---

[10] Wie der nicht enden wollende Krieg gegen den "Terror" heute

indem er erklärte:

> "Sie sind Verräter an ihrer Ethnie."

Im Januar 1934 schrieb Herr Jabotinsky, der Begründer des revisionistischen Zionismus, in *Natcha Retch*:

> "Der Kampf gegen Deutschland wird seit Monaten von jeder jüdischen Gemeinde, Konferenz, Handelsorganisation, von jedem Juden in der Welt geführt... wir werden einen geistigen und materiellen Krieg der ganzen Welt gegen Deutschland auslösen."

Dies ist vielleicht die überzeugendste Behauptung, die es zu der in den *Protokollen von Zion* niedergelegten Behauptung der Juden gibt, dass sie einen Krieg herbeiführen können. *Protokoll Nummer 7* besagt:

> *"Wir müssen in der Lage sein, auf jeden Akt der Opposition eines Staates mit Krieg gegen seinen Nachbarn zu antworten. Wenn diese es wagen sollten, sich gemeinsam zu stellen, mit einem allgemeinen Krieg".*

Es sei daran erinnert, dass eine Kopie dieser Protokolle 1906 im Britischen Museum aufbewahrt wurde.

1938 war der jüdische Krieg in vollem Gange, und bereits durch ihren Einfluss oder Druck wurden viele nichtjüdische Personen und Gruppen in den Strudel hineingezogen. Verschiedene Mitglieder der britischen sozialistischen Partei sprachen sich offen dafür aus, sich diesem kalten Krieg anzuschließen, und in allen Parteien wuchs eine energische und kompromisslose Clique unter der Führung der Herren Churchill, Amery, Duff, Cooper und anderer.

"Hitler wird keinen Krieg haben, aber er wird dazu gezwungen werden, nicht dieses Jahr, aber später", schrie der Jude Emil Ludwig in der Juni-Ausgabe von *Les Aniles*

1934.

Am 3. Juni 1938, , wurde die Angelegenheit durch einen Artikel im *American Hebrew*, dem Wochenblatt des amerikanischen Judentums, einen großen Schritt weitergebracht. Dieser Artikel, der einleitend aufzeigte, dass Hitler nie von seiner Mein-Kampf-Doktrin abgewichen war, drohte anschließend mit schärfsten Vergeltungsmaßnahmen.

> "Es ist offensichtlich geworden, dass eine Kombination von Großbritannien, Frankreich und Russland früher oder später den Siegeszug (Hitlers) verhindern wird...
>
> Entweder durch Zufall oder durch Absicht ist ein Jude in jeder dieser Nationen in eine Position von größter Bedeutung gelangt. In den Händen von Nicht-Ariern liegt das Schicksal und das Leben von Millionen...
>
> In Frankreich ist der prominente Jude Leon Blum... Leon Blum könnte der Moses sein, der das Land führen wird...
>
> Maxim Litvinoff, sowjetischer Superverkäufer, ist der Jude, der zur rechten Hand Stalins sitzt, dem kleinen Zinnsoldaten des Kommunismus...
>
> Der prominente englische Jude ist Leslie Hore-Belisha, der neue Chef von Tommy Atkins".

Weiter unten in diesem Artikel lesen wir:

> "So kann es geschehen, dass diese drei Söhne Israels das Kombinat bilden, das den rasenden Nazi-Diktator in die Hölle schicken wird. Und wenn sich der Rauch der Schlacht lichtet... und der Mann, der den hakenkreuzverzierten Christus gespielt hat... in ein Loch im Boden gesenkt wird... während das Trio der Nicht-Arier ein verzweigtes Requiem anstimmt... ein Medley aus der Marseillaise, God Save the King und der Internationale, das sich mit einer stolzen und aggressiven Interpretation von Eli Eli vermischt."

Zwei Punkte in dem obigen Auszug sind besonders erwähnenswert. Erstens wird als selbstverständlich vorausgesetzt, dass diese drei Juden nicht einen Moment lang anders als Juden denken oder handeln werden; und man kann sich darauf verlassen, dass sie ihre heidnischen Dummköpfe in einem eindeutig jüdischen Krieg in den Ruin führen werden; zweitens sollte der verächtliche Hinweis auf den "mit dem Hakenkreuz versehenen Christus" beachtet werden, den das Judentum zu begraben hofft; und der durch seine Klassifizierung den jüdischen Hass auf das Christentum offenbart.

In der Zwischenzeit wurde jüdischer Druck ausgeübt, um Zusammenstöße zwischen Sudeten, Tschechen, Polen und Deutschen zu schüren.

Im September 1938 war die Lage aussichtslos geworden. Mr. Chamberlain selbst flog nach München und erreichte die historische Einigung mit Hitler. Es schien, als wären die Kriegstreiber vereitelt und Europa gerettet worden. Selten gab es solche Szenen und Anzeichen spontaner Freude und Dankbarkeit wie bei diesem Triumph in Großbritannien und Europa.

Diejenigen, die die Macht des Feindes kannten, wussten jedoch, dass die Arbeit von Herrn Chamberlain mit Sicherheit schnell sabotiert werden würde. Ich erinnere mich, dass ich noch am Abend seiner Rückkehr aus München bemerkte, dass innerhalb einer Woche alle Zeitungen in diesem Land und die Kriegshetzer im Parlament Herrn Chamberlain angreifen würden, weil er den Frieden gesichert hat, ohne zu bedenken, dass sie damit den wirklichen Willen des Volkes verächtlich missachten würden. Diese Bemerkung war nur zu wahr, wie die Ereignisse bewiesen.

Nirgendwo war die jüdische Wut natürlich so offensichtlich wie in Moskau. Ich habe ein Flugblatt vor mir, das ich selbst entworfen habe und das im Oktober 1938 herausgegeben wurde. Es lautet wie folgt:

> "Ist Ihnen bekannt, dass Mr. Chamberlain in Moskau verbrannt wurde, sobald bekannt wurde, dass er den Frieden gesichert hatte; das zeigt sehr deutlich, wer den Krieg wollte und wer immer noch unaufhörlich daran arbeitet, in der ganzen Welt Unfrieden zu stiften."

Nachdem der Versuch, einen Krieg um das Sudetenland und die Tschechoslowakei zu provozieren, gescheitert war, blieb nur noch der Zünder im polnischen Korridor, diese Ungeheuerlichkeit, die aus der unseligen Versailler Konferenz hervorging und seither von ehrlichen Männern wie Marschall Foch und Arthur Henderson angeprangert wurde.

Eine Besonderheit der Konferenz von Versailles wurde von denjenigen geheim gehalten, die die Macht haben, Dinge von der Öffentlichkeit fernzuhalten oder von den Spitzen des Hauses zu verkünden. Es ist dies:

Alle wichtigen Entscheidungen wurden von den "Großen Vier" - Großbritannien, Frankreich, Italien und den USA - getroffen, vertreten durch Lloyd George, Clemenceau, Baron Sonino und Präsident Wilson. So viel ist bekannt. Was nicht bekannt ist, ist das:

Der Sekretär von Herrn Lloyd George war der Jude Sassoon, der von Herrn Clemenceau der Jude Mandel Rothschild, heute bekannt als Mandel;

Baron Sonino war selbst ein halber Jude: und Präsident Wilson hatte den Juden Brandeis;

Der Dolmetscher war ein weiterer Jude namens Mantoux und der Militärberater ein weiterer Jude namens Kish.

Es ist bekannt, dass Herr Lloyd George und andere in Sachen Geographie nicht ganz auf der Höhe waren. Ihre jüdischen

Sekretäre hingegen waren in solchen Fragen sehr genau. Diese Juden trafen sich abends um 18 Uhr und legten die Entscheidungen für die Konferenz der "Großen Vier" am nächsten Tag fest.

Das Ergebnis war aus der Sicht aller anständigen Menschen, die auf einen ehrenhaften Vertrag hofften, mit Bedingungen, die zwar streng, aber zumindest gerecht sein und damit einen dauerhaften Frieden sichern würden, katastrophal.

Foch selbst prangerte den Vertrag lautstark an; er erklärte, er enthalte die sicheren Voraussetzungen für einen neuen Krieg und missbilligte insbesondere die Bestimmungen über Danzig und den Korridor.

Arthur Henderson und zahlreiche Persönlichkeiten des öffentlichen Lebens schlossen sich der Anprangerung an, jedoch ohne Erfolg. Aus der Sicht der Männer, die einen weiteren Krieg planen, hätte jedoch nichts besser sein können als dieser Vertrag.

In ihrem Text wurden alle möglichen krassen Ungerechtigkeiten festgeschrieben. Neben dem Korridor und der Stellung in Danzig wurde ein Bastardstaat geschaffen, in dem Deutsche, Slowaken usw., die zusammen die Mehrheit des Landes bildeten, unter die tyrannische Kontrolle der tschechischen Minderheit gestellt wurden, eines Elements, das sich mit den bolschewistischen Juden verbündet und 1918 gegen die Alliierten gekämpft hatte.

Der Entwurf dieses Staates war geografisch so angelegt, dass er zu Recht als Dolch bezeichnet wurde, der auf das Herz Deutschlands gerichtet war. Er erhielt den abwegigen Namen Tschechoslowakei.

Das gesamte industrielle Leben, vom riesigen Skoda-Arsenal abwärts, wurde von jüdischen Bankinteressen kontrolliert, während wir von Lord Winterton wissen, dass praktisch das gesamte Land an die Juden verpfändet war (Hansard, Oktober 1936).

Unter dieser messianischen Herrschaft wurden riesige Bevölkerungsteile versklavt, die anderen Nationen angehörten und fortan dazu verdammt waren, mit Gewalt niedergehalten zu werden, bis irgendein Land stark genug sein würde, um für sie einzutreten.

Diese Möglichkeit wurde meines Erachtens durch die enormen Kredite der internationalen Banken an Deutschland vorweggenommen und bekanntlich auch gefördert.

Es sollte nicht vergessen werden, dass, während jüdische Bankiers Geld nach Deutschland schickten, das die Wehrmacht in größerem Umfang als je zuvor wieder aufbaute, in diesem Land eine kolossale Kampagne für Frieden und Abrüstung gestartet wurde. Damit gelang es nicht nur, uns weitgehend zu entwaffnen, sondern auch eine Atmosphäre zu schaffen, in der Herr Baldwin zugeben musste, dass er es nicht wagte, das Land um mehr Rüstung zu bitten, obwohl er wusste, wie wichtig unser Bedarf an See-, Luft- und Landstreitkräften war. [11]

Wer wie ich die Persönlichkeiten und Kräfte hinter dieser so genannten Friedenspropaganda studiert hat, kann keinen Zweifel daran haben, woher der eigentliche Antrieb und die Finanzierung kamen.

Wer die damalige Haltung der Presse kennt und weiß, dass diese Abrüstungspropaganda denjenigen, die Einfluss auf unsere Öffentlichkeitsarbeit haben, missfallen hätte, hätte eine Flut von Beschimpfungen gegen unsere "Friedensbotschafter" losgetreten; es gibt einen zusätzlichen Beweis dafür, dass diese Kampagne vom internationalen Judentum unterstützt wurde,

---

[11] All dies geschah natürlich vor dem Aufstieg Hitlers.

ebenso wie die Wiederbewaffnung Deutschlands. Aber warum? wird sich der Einfältige fragen.

Die Antwort ist recht einfach, wenn man einmal den Zweck des jüdischen Plans verstanden hat.

> "Aus dem letzten Krieg haben wir die Sowjetstaaten Russlands hervorgebracht; aus dem nächsten Krieg werden wir die Sowjetstaaten Europas hervorbringen..."

hieß es auf einem Welttreffen der kommunistischen Parteien um 1932. Um den nächsten Krieg möglich zu machen, muss also die Waage wieder ins Gleichgewicht gebracht werden; die deutsche Stärke muss ausgebaut und die britische Stärke abgebaut werden.

Dann können sich die Europäer gegenseitig bis zum Tod des einen und zur völligen Erschöpfung des anderen bekämpfen.

Für beide Seiten steht eine dramatische Überraschung bevor. Keiner der beiden wird der eigentliche Gewinner sein. Der eigentliche Gewinner ist eine ganz andere Armee. Diese Armee ist diejenige, der die eigentliche Aufmerksamkeit gelten wird. Sie wird 25 Jahre lang unter strengster Geheimhaltung aufgebaut werden. Ihre Anführer werden ihre Stärke erst zeigen, wenn der Konflikt schon weit fortgeschritten ist.

Erst in einem kritischen Moment des Krieges wird es den europäischen Armeen erlaubt sein, die Existenz der riesigen Fabriken[12] jenseits des Urals oder die kolossalen Ausmaße der

---

[12] Diese "riesigen Fabriken" und "kolossalen Ausmaße der schwer mechanisierten Horden" sind dem amerikanischen Volk zu verdanken, und zwar durch den Lend Lease Act, der in Kraft gesetzt wurde, bevor die Amerikaner in diesen Krieg hineingezogen wurden, und der in den Tagebüchern von Major Jordan (George Racey Jordan) minutiös beschrieben wird.

schwer mechanisierten Horden zu erahnen, die dann beginnen werden, unter der roten Flagge des Marxismus nach Westen über Europa zu ziehen.

Im März 1939 gewährte Chamberlain Polen eine britische Garantie auf der Grundlage einer Falschmeldung, wonach Deutschland den Polen ein 48-Stunden-Ultimatum gestellt habe.

Dieser Bericht erwies sich später als völlig unwahr. Die Garantie war jedoch gegeben worden, und die Entscheidung über Frieden oder Krieg lag nun nicht mehr in den Händen der Briten. Das Judentum hatte den Ball in der Hand. Kann man daran zweifeln, dass Polen ermutigt wurde, die deutsche Note vom März zu ignorieren, die äußerst vernünftige Vorschläge für eine friedliche Lösung des Korridorproblems enthielt?

Monat für Monat blieb eine Antwort Polens auf die deutsche Note aus. In der Zwischenzeit kam es mit verdächtiger Häufigkeit zu Beleidigungen und Ausschreitungen entlang der deutschen Grenze, ähnlich der Technik, mit der die Juden später die Briten in Palästina bekannt machten.

Tag für Tag wurde die britische Öffentlichkeit mit Kriegspropaganda und falschen Darstellungen der Lage überschwemmt. Schließlich wurde ihr Verstand durch einen neuen Slogan gegen jede weitere Beachtung der Forderungen von Gerechtigkeit und Vernunft verschlossen,

"Man kann Hitlers Wort nicht trauen."

Mit dieser Lüge wurde die britische Öffentlichkeit schließlich dazu gebracht, jede Vernunft und jedes Urteilsvermögen in den Wind zu schlagen und die Kriegspropaganda in der Presse für bare Münze zu nehmen.

Dieser Slogan beruhte auf einer falschen Darstellung von Hitlers Zusicherung, die er bei mehr als einer Gelegenheit nach einem "Putsch" wie dem ins Sudetenland gegeben hatte, dass er "keine weiteren Forderungen stellen wolle".

Die Falschdarstellung lag darin, dass die Presse ständig die wichtige Tatsache verschwieg, dass die "Forderungen", auf die sich Hitler bezog, allesamt fünffacher Natur waren und jene fünf Gebiete betrafen, die Deutschland durch einen diktierten Frieden genommen worden waren, in denen die Bevölkerung überwiegend deutsch war, d.h. das Sudetenland, ein Teil der Tschechoslowakei, Teile Polens, der Korridor und Danzig.

Da die deutschen Truppen jeden einzelnen Abschnitt besetzten, ist es meines Erachtens richtig, dass Hitler erklärte, er habe keine zusätzlichen Forderungen zu stellen. Aber hier muss im Interesse der Gerechtigkeit klar gesagt werden, dass er nie gesagt hat, dass dies eine Reduzierung der Forderungen bedeutet, die er ursprünglich sehr klar umrissen und bei vielen Gelegenheiten wiederholt hatte, nämlich die fünf fraglichen Gebiete.

Die britische Öffentlichkeit wurde von der Presse in die Irre geführt, indem sie annahm, dass Hitler, als er sagte, er habe keine weiteren Forderungen, niemals seine vollständigen Forderungen, von denen einige noch unerfüllt waren, dargelegt hatte. Sie wurde zu der Annahme verleitet, dass Hitler entweder nie weitere Forderungen hatte oder dass er die übrigen Forderungen aufgegeben hatte, sobald er einige von ihnen erreicht hatte.

Als daher die nächste Tranche hinzugefügt wurde, baute die Presse auf diesem Missverständnis den Trugschluss auf, dass man Hitlers Wort nicht trauen könne. Ehrliches Handeln braucht keine solchen Tricks und Täuschungen. Solche Methoden sind nur notwendig, um schlechte oder ungerechte Gründe zu untermauern.

Glücklicherweise haben wir in dieser Angelegenheit das ruhige und unparteiische Urteil von keinem Geringeren als dem verstorbenen Lord Lothian, der vor kurzem britischer Botschafter in den Vereinigten Staaten war:

"Wäre das Prinzip der Selbstbestimmung zu Gunsten Deutschlands angewandt worden, wie es gegen Deutschland angewandt wurde, hätte dies die Rückgabe des Sudetenlandes, der Tschechoslowakei, von Teilen Polens, des polnischen Korridors und Danzigs an das Reich bedeutet." Dies ist eine ganz andere Darstellung des Falles als die, die der britischen Öffentlichkeit 1939 vorgegaukelt wurde; und es ist die wahre. Kein Wunder, dass diese Fakten dem normalen Bürger vorenthalten werden mussten.

Hätte die britische Öffentlichkeit die Wahrheit erkannt, dass jede dieser Forderungen Hitlers auf einem Fundament vernünftiger Fairness beruhte, hätten die Menschen dieser Insel jede Frage des Krieges ausgeschlossen; und es war Krieg, nicht Wahrheit oder Gerechtigkeit, auf die sich das internationale Judentum festgelegt hatte.

"PHONEY WAR" BEENDET DURCH ZIVILE BOMBARDIERUNG

Obwohl im September 1939 der Kriegszustand zwischen Großbritannien und Deutschland erklärt wurde, stellte sich sehr bald heraus, dass Deutschland keinen Krieg gegen dieses Land führte.

Für diejenigen, die den Sachverhalt kannten, war dies keine Überraschung. Hitler hatte immer wieder deutlich gemacht, dass er niemals die Absicht hatte, Großbritannien oder das Britische Empire anzugreifen oder zu schädigen. Da die Siegfried-Linie stark gehalten wurde und die Deutschen nicht die Absicht hatten, westlich davon aufzutauchen, musste die Pattsituation im Westen oder der "Scheinkrieg", wie er später genannt wurde, ohne Bombardierung der Zivilbevölkerung letztlich ganz auslaufen.

Niemand erkannte dies schneller als die pro-jüdischen Kriegshetzer, und sie und ihre Freunde innerhalb und außerhalb des Unterhauses begannen sehr bald, Druck auszuüben, damit diese Form der Bombardierung Deutschlands eingeleitet wird.

Am 14. Januar 1940 veröffentlichte *die Sunday Times* den Brief eines anonymen Korrespondenten, der wissen wollte, warum wir unsere Luftstreitkräfte nicht einsetzen, "um die Wirkung der Blockade zu verstärken".

Der "Scrutator" kommentierte dieses Schreiben in der gleichen Ausgabe wie folgt:

> "Eine solche Ausweitung der Offensive würde sich unweigerlich zu einem furchtbaren Wettbewerb entwickeln. Sie könnte uns als Repressalie für feindliche Handlungen aufgezwungen werden, und wir müssen in der Lage sein, Repressalien zu üben, wenn es nötig ist. Aber die Bombardierung von Industriestädten mit ihren unvermeidlichen Verlusten an Menschenleben unter der Zivilbevölkerung - darauf würde es hinauslaufen - wäre unvereinbar mit dem Geist, wenn nicht gar mit dem Wortlaut der von beiden Seiten zu Beginn des Krieges gegebenen Zusicherungen."

Das obige Zitat stammt aus einem Buch mit dem Titel *Bombing Vindicated*, das 1944 von J. M. Spaight, C. B., C.B.E., veröffentlicht wurde, der während des Krieges stellvertretender Hauptsekretär im Luftfahrtministerium war. Wie der Titel schon sagt, ist dieses Buch ein Versuch, den wahllosen Einsatz von Bombern gegen die Zivilbevölkerung zu rechtfertigen. Spaight rühmt sich darin, dass diese Form der Bombardierung "die Zivilisation gerettet" habe, und enthüllt die verblüffende Tatsache, dass **es Großbritannien war, das diese rücksichtslose Form des Krieges genau am Abend des Tages begann, an dem Churchill Premierminister wurde, am 11. Mai 1940.**

Auf Seite 64 seines Buches gibt Herr Spaight eine weitere Information, die diesen plötzlichen Wechsel der britischen Politik noch erstaunlicher macht; denn er erklärt, dass die britische und die französische Regierung am 2. September 1939 eine Erklärung abgegeben haben, wonach

> "Nur streng militärische Ziele im engsten Sinne des Wortes würden bombardiert werden.

Diese Erklärung wurde natürlich in den Tagen der Premierministerschaft von Herrn Chamberlain abgegeben, und es gibt wohl keine Tatsache, die den Unterschied im Charakter und im Verhalten zwischen Herrn Chamberlain und Herrn Churchill deutlicher herausstellen und differenzieren könnte.

Am 27. Januar 1940, dreizehn Tage nach dem bereits zitierten Brief in der *Sunday Times*, schloss sich *die Daily Mail* redaktionell den Ansichten an, die in dieser Ausgabe von "Scrutator" geäußert worden waren; und sie widmete einen Leitartikel, schreibt Mr. Spaight, der Bekämpfung des Vorschlags von Mr. Amery und anderen, dass wir mit der Bombardierung Deutschlands beginnen sollten.

Sir Duff Cooper hatte am Vortag in derselben Zeitung geschrieben, dass

> "Es scheint eine Art ungeschriebener Waffenstillstand zwischen den beiden Kriegsparteien zu bestehen, der stillschweigend vorsieht, dass sie sich nicht gegenseitig bombardieren.

Angesichts der Erklärung Großbritanniens und Frankreichs vom 2. September 1939, dass sie "nur militärische Ziele im engsten Sinne des Wortes" bombardieren würden, erscheint mir Sir Duff Coopers Formulierung über "eine Art ungeschriebenen Waffenstillstand" äußerst obskurant, wenn auch ehrlich.

Im Unterhaus wurden die pro-jüdischen Kriegstreiber nun immer unnachgiebiger und waren mehr und mehr darauf bedacht, die Chancen zu sabotieren, den "Scheinkrieg" in einen Verhandlungsfrieden umzuwandeln. Und das, obwohl Großbritannien durch einen weiteren totalen Krieg nichts zu gewinnen, aber alles zu verlieren hatte.

Die Juden hatten durch einen Frieden, der das deutsche goldfreie Geldsystem und die judenfreie Regierung intakt ließ, natürlich alles zu verlieren und nichts zu gewinnen.

Mit jedem Tag schien mir klarer zu werden, dass dieser Kampf um die Frage der Bombardierung der Zivilbevölkerung der springende Punkt der ganzen Angelegenheit war und dass die Juden und ihre Verbündeten nur durch diese Methode der

Kriegsführung den gordischen Knoten der Pattsituation durchschlagen konnten, der zum Frieden und später wahrscheinlich zu einem gemeinsamen Angriff auf den jüdischen Bolschewismus in Russland führte.

Dementsprechend habe ich am 15. Februar 1940 die folgende Frage an den Premierminister gestellt: Captain Ramsay fragte den Premierminister:

> "Wird er dem Haus versichern, dass die Regierung des Vereinigten Königreichs nicht auf die ihr unterbreiteten Vorschläge eingehen und die Grundsätze aufgeben wird, die sie dazu veranlasst haben, die Bombardierung der Zivilbevölkerung in Spanien und anderswo zu verurteilen und selbst eine solche Politik zu betreiben?"

Herr Chamberlain selbst antwortete mit deutlichen Worten:

> "Mir sind die Vorschläge, auf die sich mein ehrenwerter und galanter Freund bezieht, nicht bekannt. Die Politik der Regierung des Vereinigten Königreichs in dieser Angelegenheit wurde von mir in Beantwortung einer Anfrage des Abgeordneten für Bishop Auckland (Herr Dalton) am 14. September letzten Jahres ausführlich dargelegt.
>
> Im Verlauf dieser Antwort habe ich gesagt, dass die Regierung des Vereinigten Königreichs, wie weit andere auch gehen mögen, niemals zu einem absichtlichen Angriff auf Frauen und Kinder und andere Zivilisten zum Zwecke des reinen Terrorismus greifen wird. Dieser Antwort habe ich nichts hinzuzufügen."

Sowohl diese Anfrage als auch die Antwort waren den Kriegstreibern offensichtlich äußerst unangenehm, so dass ich mich entschloss, die Angelegenheit weiter voranzutreiben. Am 21. Februar stellte ich eine weitere Anfrage zu diesem Thema: Hauptmann Ramsay fragte den Premierminister:

> "Ist ihm bekannt, dass die sowjetischen Flugzeuge eine Kampagne zur Bombardierung der Zivilbevölkerung

durchführen, und ob die Regierung des Vereinigten Königreichs diesbezüglich ähnliche Proteste wie während des Bürgerkriegs in Spanien unter ähnlichen Umständen verschickt hat?"

Herr Butler antwortete im Namen des Premierministers:

"Ja, Sir. Die sowjetischen Luftstreitkräfte haben eine Politik der wahllosen Bombardierung verfolgt, die man nicht genug verurteilen kann. Die Regierung des Vereinigten Königreichs hat jedoch keinen Protest eingelegt, da es leider keinen Grund für die Annahme gibt, daß eine solche Aktion das gewünschte Ergebnis erzielen würde."

Es besteht kein Zweifel daran, dass diese beiden direkten Antworten die Entschlossenheit der Kriegstreiber verdeutlichten, sich eines Premierministers zu entledigen, dessen Festhalten an einer aufrechten und humanen Politik ihre Pläne unweigerlich durchkreuzen musste, da **Hitler keinen Krieg mit Großbritannien wollte und daher niemals selbst zivile Bombenangriffe starten würde.**

Die Maschinerie der Intrigen und der Rebellion gegen Herrn Chamberlain wurde in Gang gesetzt. Letztendlich wurde ihm die Schuld für den Fehler in Norwegen in die Schuhe geschoben, und dieser Vorwand wurde von der kirchlich-sozialistischen Fraktion genutzt, um seinen Sturz zu sichern.

In diesem Zusammenhang sollte daran erinnert werden, dass **Herr Churchill** vor und während des Norwegen-Spiels **mit vollen Befugnissen und Verantwortlichkeiten für alle Marine-, Militär- und Luftoperationen ausgestattet war; und wenn es jemand verdient hatte, wegen dieses zweiten Gallipoli** (das unter Missachtung der Warnung hoher Marinebehörden durchgeführt wurde, dass es ohne die Kontrolle über Cattegat und Skaggerack unmöglich gelingen konnte) **gebrochen zu werden, dann war es der zuständige Minister.**

Er war jedoch nicht nur ungebrochen, sondern wurde zum Premierminister ernannt. Der Mann, der das britische Gelöbnis vom 2. September 1939 brechen und mit der Bombardierung der deutschen Zivilbevölkerung beginnen würde, war der Mann für die Kriegstreiber, die nun das Sagen hatten.

Und so begannen die zivilen Bombardierungen [durch England] **an dem Abend, an dem der Architekt des norwegischen Fiaskos Premierminister wurde, nämlich am 11. Mai 1940.**

DUNKIRK UND DANACH

Hauptmann Liddell Hart, der bedeutende Militärkritiker, schrieb ein Buch über die militärischen Ereignisse von 1939-45, das 1948 unter dem Titel *The Other Side of the Hill* veröffentlicht wurde.

Kapitel 10 - das sich mit der deutschen Invasion in Frankreich bis einschließlich Dünkirchen befasst - trägt den etwas verblüffenden Titel "Wie Hitler Frankreich schlug und Großbritannien rettete".

Die Lektüre des Kapitels selbst wird alle propagandistisch Verblendeten noch mehr in Erstaunen versetzen als die Überschrift: denn der Autor beweist darin, dass Hitler nicht nur dieses Land gerettet hat, sondern dass dies nicht das Ergebnis irgendeines unvorhergesehenen Faktors oder einer Unentschlossenheit oder einer Torheit war, sondern dass dies aus einer festen Absicht heraus geschah, die auf seinem seit langem verkündeten und treu aufrechterhaltenen Prinzip beruhte.

Nachdem er ausführlich beschrieben hat, wie Hitler das Panzerkorps am 22. Mai zwangsweise aufhielt und es für die entscheidenden Tage inaktiv hielt, bis die britischen Truppen Dünkirchen verlassen hatten, zitiert Hauptmann Liddell Hart Hitlers Telegramm an von Kleist:

> "Die Panzerdivisionen bleiben in mittlerer Artilleriereichweite von Dünkirchen. Die Erlaubnis wird nur für Aufklärungs- und Schutzbewegungen erteilt."

Von Kleist beschloss, den Befehl zu ignorieren, wie der Autor berichtet. Um ihn noch einmal zu zitieren:

> "Dann kam ein noch nachdrücklicherer Befehl, dass ich mich hinter den Kanal zurückziehen solle. Meine Panzer wurden dort drei Tage lang festgehalten."

Im Folgenden berichtet der Autor über ein Gespräch, das am 24. Mai (d.h. zwei Tage später) zwischen Herrn Hitler und Marschall von Runstedt sowie zwei Schlüsselpersonen seines Stabes stattfand:

> "Dann sprach er zu unserem Erstaunen voller Bewunderung über das britische Empire, über die Notwendigkeit seiner Existenz und über die Zivilisation, die Großbritannien in die Welt gebracht hat...
>
> Er verglich das britische Empire mit der katholischen Kirche - beide seien wesentliche Elemente der Stabilität in der Welt. Er sagte, alles, was er von Großbritannien wolle, sei, dass es Deutschlands Position auf dem Kontinent anerkenne.
>
> Die Rückgabe der verlorenen deutschen Kolonien wäre wünschenswert, aber nicht unbedingt notwendig, und er würde sogar anbieten, Großbritannien mit Truppen zu unterstützen, falls es irgendwo in Schwierigkeiten geraten sollte.
>
> Er schloss mit den Worten, dass es sein Ziel sei, mit Großbritannien Frieden zu schließen, und zwar auf einer Grundlage, die es als mit seiner Ehre vereinbar ansehen würde, zu akzeptieren".

Kapitän Liddell Hart kommentiert dies wie folgt:

> "Wäre die britische Armee in Dünkirchen gefangen genommen worden, hätte das britische Volk vielleicht das Gefühl gehabt, dass seine Ehre einen Makel erlitten hat, den es ausmerzen muss. Indem er sie entkommen ließ, hoffte Hitler, sie zu versöhnen. Diese Überzeugung von Hitlers

> tieferen Motiven wurde durch seine seltsam zögerliche Haltung bei den nachfolgenden Plänen für die Invasion Englands bestätigt."

> "Er zeigte wenig Interesse an den Plänen", so Blumentritt, "und machte keine Anstalten, die Vorbereitungen zu beschleunigen. Das war ganz anders als sein übliches Verhalten. Vor der Invasion Polens, Frankreichs und später Russlands hat er sie immer wieder angespornt, aber bei dieser Gelegenheit hat er sich zurückgehalten."

Der Autor fährt fort:

> "Da der Bericht über sein Gespräch in Charleville und die anschließende Zurückhaltung von einem Teil der Generäle stammt, die Hitlers Politik seit langem misstrauen, ist ihre Aussage umso bemerkenswerter."

Und später sagt er weiter:

> "Bezeichnenderweise stimmt ihre Darstellung von Hitlers Gedanken über England in der entscheidenden Stunde vor Dünkirchen mit vielem überein, was er selbst zuvor in Mein Kampf geschrieben hat; und es ist bemerkenswert, wie genau er in anderer Hinsicht seiner eigenen Bibel folgte."

Jeder, der Mein Kampf gelesen hat, wird die Richtigkeit der obigen Aussage sofort erkennen. Sie ist in der Tat eher eine Untertreibung. Durch dieses bemerkenswerte Buch ziehen sich zwei Hauptthemen, wie ich in einem früheren Kapitel gezeigt habe - das eine ist eine detaillierte Beschreibung und Anprangerung der jüdischen kapitalistisch-revolutionären Maschinerie; das andere ist die Bewunderung für und der Wunsch nach Freundschaft mit Großbritannien und dem Empire.

Es ist in der Tat schade, dass so wenige Menschen auf dieser Insel dieses Buch selbst gelesen haben; und es ist eine Tragödie, dass sie stattdessen die skrupellosen Verzerrungen und die unwahre Propaganda zu diesem Thema, die ihnen von der jüdischen Werbemaschinerie, die über unsere Presse und den Rundfunk läuft, serviert wird, pauschal geschluckt haben.

Sollen diese Leute doch versuchen, ein Exemplar dieses Buches zu bekommen; und wenn sie feststellen, dass sie es nicht bekommen können, sollen sie darüber nachdenken, dass, wenn der Inhalt tatsächlich die Lügen bestätigt, die man ihnen über das Buch und seinen Autor erzählt hat, die Mächte, die hinter unserer Werbung stehen, dafür sorgen würden, dass jeder in der Lage sein sollte, ein Exemplar zu einem möglichst günstigen Preis zu bekommen.

Auf jeden Fall möchte ich meine Landsleute auffordern, die folgenden Fakten ernsthaft zu bedenken.

Der Jude Karl Marx legte fest, dass der Bolschewismus erst dann wirklich erfolgreich sein konnte, wenn das britische Empire vollständig zerstört war.

Hitler legte fest, dass das britische Empire ein wesentliches Element der Stabilität in der Welt sei, und erklärte sich sogar bereit, es mit Truppen zu verteidigen, falls es irgendwo in Schwierigkeiten geraten sollte.

Durch skrupellose Propaganda in einem noch nie dagewesenen Ausmaß wurde dieses Land dazu verleitet, diejenigen zu vernichten, die seine Freunde sein wollten und ihr Leben für seine Verteidigung opferten, und diejenigen zu verherrlichen, die verkündeten, dass seine Zerstörung eine notwendige Vorbedingung für den Erfolg ihrer Ideologie sei, und dabei sein Reich und seine wirtschaftliche Unabhängigkeit einbüßten.

DIE FORM DER DINGE, DIE KOMMEN WERDEN

Wenn das neue Wissen über Hitlers Bestreben, das britische Empire zu erhalten, in letzter Zeit für viele Menschen in diesem Land eine Überraschung war, so muss es doch ein echter Schock für sie gewesen sein, zu erfahren, dass **Präsident Roosevelt** auf der anderen Seite dessen unverbesserlicher Feind war; dass er nicht nur ein Pro-Kommunist jüdischer Herkunft war, sondern dass er, bevor er Amerika in den Krieg führte, deutlich machte, dass er das britische Empire zerschlagen wollte.

Sein Sohn, Colonel Elliot Roosevelt, macht diesen letzten Punkt in seinem Buch *As He Saw It*, das kürzlich in den USA veröffentlicht wurde, sehr deutlich.

Auf den Seiten 19 bis 28 dieses Buches erzählt uns Oberst Roosevelt, dass sein Vater im August 1941, nachdem er dem amerikanischen Volk mitgeteilt hatte, dass er auf einem Angelausflug sei, tatsächlich zu einem Treffen mit Mr. Churchill an Bord eines Kriegsschiffes in der Bucht von Argentia ging.

Lord Beaverbrook, Sir Edward Cadogan und Lord Cherwell (Professor Lindeman von zweifelhafter Ethnie und Nationalität) sowie Mr. Averell Harriman waren anwesend, sagt er.

Auf Seite 35 zitiert er seinen Vater mit den Worten,

> "Nach dem Krieg... muss es die größtmögliche Handelsfreiheit geben... keine künstlichen Schranken."

Churchill verwies auf die Handelsabkommen des Britischen Empires, und Roosevelt antwortete:

> "Ja. Diese Handelsabkommen des Empire sind ein gutes Beispiel dafür. Sie sind der Grund dafür, dass die Völker Indiens, Afrikas und des gesamten kolonialen Nahen Ostens immer noch so rückständig sind, wie sie sind...
>
> Ich kann nicht glauben, dass wir einen Krieg gegen die faschistische Sklaverei führen und uns nicht gleichzeitig dafür einsetzen, Menschen in aller Welt von einer rückständigen Kolonialpolitik zu befreien."

"Der Friede", sagte Pater Kentenich entschlossen, "kann keine fortgesetzte Willkür beinhalten."

Diese unverschämten Äußerungen gegen das britische Empire wurden so ausgeprägt, dass Oberst Roosevelt auf Seite 31 berichtet, dass Mr. Churchill sagte,

> "Herr Präsident, ich glaube, Sie versuchen, das britische Empire abzuschaffen.

Diese Bemerkung war sehr treffend, denn der Präsident sprach davon, dass Indien, Birma, Ägypten, Palästina, Indochina, Indonesien und alle afrikanischen Kolonien "befreit" werden müssten.

Auf Seite 115 berichtet der Colonel, dass sein Vater gesagt hat:

> "Denken Sie nicht einen Moment lang, Elliot, dass die Amerikaner heute im Pazifik sterben würden, wenn die kurzsichtige Gier der Franzosen, Briten und Holländer nicht gewesen wäre. Sollen wir ihnen erlauben, das Ganze zu wiederholen?"

Dies waren jedoch keineswegs die Gründe, die für den Krieg angeführt wurden und für die die Amerikaner glaubten, zu sterben; und der Präsident erwähnt auch nicht die Vorwände, die seinen Landsleuten für den Krieg genannt wurden.

Den Briten, die in größerer Zahl sterben, wurde im Gegenteil gesagt, dass sie sterben, um ihr Reich gegen Hitlers böse Pläne zu verteidigen. Sie ahnen nicht, dass es ihr sogenannter Verbündeter ist, der seine Zerstörung plant.

Auf Seite 116 wird der Präsident mit den Worten zitiert:

> "Wenn wir den Krieg gewonnen haben, werde ich dafür sorgen, dass die USA nicht zu Plänen überredet werden, die das britische Empire in seinen imperialistischen Ambitionen unterstützen oder fördern."

Und ein paar Seiten später:

> "Ich habe versucht, Winston und den anderen klarzumachen... dass sie niemals auf die Idee kommen dürfen, dass wir nur dabei sind, um ihnen zu helfen, an den archaischen und mittelalterlichen Ideen des Empire festzuhalten."

Wer mit dem Teufel isst, braucht einen langen Löffel. Mr. Churchill, der selbsternannte "ständige Architekt der Zukunft der Juden", spielte nun die zweite Geige gegenüber einem noch vertrauenswürdigeren Architekten, der sogar so bedeutend war, dass er keine dummen Anspielungen auf den Respekt vor dem britischen Empire machte.

Der frühere Moses, Karl Marx, hatte das Kaiserreich schon vor langer Zeit angeprangert, und im Jahr 1941 waren es nur törichte Gegner des Judentums und des Marxismus wie Herr Hitler, die an diesem Kaiserreich festhielten, weil sie es als Bollwerk der christlichen Zivilisation betrachteten.

Obwohl Churchill, wie wir gesehen haben, in diesem Buch

gezeigt wird, dass er sich von Zeit zu Zeit über die Äußerungen des Präsidenten zur Liquidierung des Empire aufregt, hinderte ihn das nicht daran, sich später im Unterhaus als "Roosevelts glühender Leutnant" zu bezeichnen.

Unter welchen besonderen Umständen der Premierminister des Königs ein glühender Anhänger eines republikanischen Präsidenten sein konnte, dessen Absicht es war, das Reich des Monarchen zu zerstören, hat Herr Churchill nicht erklärt; und er hat dies auch noch nicht getan. Bei einer anderen Gelegenheit machte Mr. Churchill eine ebenso kryptische Bemerkung. Er versicherte dem Unterhaus,

> "Es gehört nicht zu meinen Aufgaben, die Auflösung des Britischen Empire zu leiten."

Nein, in der Tat! Es gehörte auch nicht zu seinen Pflichten, sich zum begeisterten Leutnant des künftigen Liquidators zu erklären, als er erfuhr, dass das Unternehmen liquidiert werden sollte. Es gehörte auch nicht zu seinen Pflichten, als Verteidigungsminister, der über die Admiralität und andere Codes verfügte, einen persönlichen Briefwechsel mit Präsident Roosevelt zu führen, den er mit Hilfe des streng geheimen Codes des amerikanischen Außenministeriums führte, auch wenn er nicht sehr begeistert war.

DIE ROLLE VON PRÄSIDENT ROOSEVELT

In meiner Erklärung an den Sprecher und die Mitglieder des Unterhauses über meine Verhaftung (siehe Anhang 1) habe ich am Ende von Teil 1 die Überlegungen zusammengefasst, die mich dazu veranlassten, in den letzten Wochen von Mr. Chamberlains Premierministerschaft die geheimen Papiere der US-Botschaft in der Wohnung von Mr. Tyler Kent einzusehen.

Die ersten beiden dieser sechs Überlegungen lauten wie folgt:

Zusammen mit vielen Mitgliedern beider Häuser des Parlaments war ich mir darüber im Klaren, dass das organisierte Judentum unter den Agenturen im In- und Ausland, die aktiv an der Förderung der schlechten Stimmung zwischen Großbritannien und Deutschland beteiligt waren, aus offensichtlichen Gründen eine führende Rolle gespielt hatte.

Ich wusste, dass die USA das Hauptquartier des Judentums und damit das tatsächliche, wenn auch nicht offensichtliche Zentrum ihrer Aktivitäten waren. Erst 1948 erhielt ich aus unanfechtbaren amerikanischen Quellen bestätigende Beweise für das oben Gesagte; als diese jedoch eintrafen, ließ der authentische und vollständig dokumentierte Charakter der Arbeit nichts zu wünschen übrig.

Ich beziehe mich auf das Buch von Professor Charles Beard mit dem Titel *President Roosevelt and the Coming of the War 1941*, das im April 1948 von der Yale University Press veröffentlicht wurde. Dieses Buch, das mit der ganzen

Autorität seines bedeutenden Autors daherkommt, ist nichts weniger als eine gewaltige Anklage gegen Präsident Roosevelt in drei Hauptpunkten.

Erstens, dass er sich aufgrund wiederholter Versprechen wählen ließ, die USA aus jedem europäischen Krieg herauszuhalten; zweitens, dass er nicht nur seine Versprechen gegenüber dem amerikanischen Volk, sondern auch alle Neutralitätsgesetze unablässig und in flagranter Weise missachtete; drittens, dass er diesen kalten Krieg, den er führte, zu einem vorherbestimmten Zeitpunkt absichtlich in einen Schießkrieg umwandelte, indem er den Japanern ein Ultimatum stellte, von dem sich niemand vorstellen konnte, dass es zu etwas anderem als einem sofortigen Krieg führen könnte.

Von den zahlreichen Beispielen, die im Zusammenhang mit der ersten Frage angeführt wurden, möchte ich eines zitieren:

> "Am 30. Oktober 1940 in Boston war er (F.D.R.) sogar noch nachdrücklicher, denn dort erklärte er: 'Ich habe das schon einmal gesagt, aber ich werde es immer wieder sagen und immer wieder: Eure Jungs werden nicht in fremde Kriege geschickt'";

Und am 29. Dezember :

> Man kann also jedes Gerede über die Entsendung von Armeen nach Europa als bewusste Unwahrheit bezeichnen."

Professor Beard fährt fort zu beweisen, dass Roosevelt, während er diese Reden hielt, die internationalen Neutralitätsgesetze mit völliger Missachtung und nur im Interesse derjenigen behandelte, die die Schlachten der Juden führten. Die beiden wichtigsten Formen der nicht schießenden Intervention waren die Konvois von US-Schiffen mit Munition und Nachschub für die Alliierten und der Lend Lease Act.

Unabhängig davon, wie wir die Hilfe der US-Arsenale und der Marine im Rahmen dieser beiden Entscheidungen Roosevelts im Kalten Krieg einschätzen, kann niemand behaupten, dass sie im Einklang mit seinen Versprechen an das amerikanische Volk oder mit den Grundsätzen des internationalen Neutralitätsrechts standen.

Im Kongress wurde über diese Handlungen des Präsidenten sehr deutlich gesprochen. Der Abgeordnete U. Burdick aus North Dakota sagte:

> "All unsere Hilfe für Großbritannien kann alles bedeuten... Ihre Vorräte zu verkaufen ist eine Sache... ihre Vorräte zu verkaufen und sie zu konvoiieren ist eine andere Sache, einen wirklichen Krieg zu haben ist die letzte Sache - die letzte Sache ist unvermeidlich aus der ersten Sache!"

Der Abgeordnete Hugh Paterson aus Georgia sagte dazu:

> "Es ist eine Maßnahme des Angriffskrieges."

sagte der Abgeordnete Dewey Short aus Missouri:

> "Man kann nicht halb im Krieg sein und halb aus dem Krieg heraus... Man kann diese Maßnahme (Lend-Lease) nach Belieben verkleiden, man kann sie mit Parfüm besprühen und mit Puder übergießen... aber sie ist immer noch faul und stinkt zum Himmel."

Der Abgeordnete Philip Bennett aus Missouri erklärte:

> "Die Schlussfolgerung ist unausweichlich, dass der Präsident mit einem aktiven militärischen Eingreifen einverstanden ist, wenn ein solches Eingreifen erforderlich ist, um die Achsenmächte in diesem Krieg zu besiegen.

Aber unsere Jungs werden nicht ins Ausland geschickt, sagt der Präsident.

Unsinn, Herr Vorsitzender; schon jetzt werden ihre Liegeplätze in unseren Transportschiffen gebaut. Schon jetzt werden die Etiketten zur Identifizierung der Toten und Verwundeten von der Firma William C. Ballantyne and Co. in Washington gedruckt."

Den dritten Punkt belegt Professor Beard ausführlich, indem er aufzeigt, wie Präsident Roosevelt die Japaner zum richtigen Zeitpunkt mit einem Ultimatum in den Krieg zwang, das die sofortige Erfüllung von Bedingungen verlangte, die von keinem Land hätten akzeptiert werden können. "Das Memorandum, das Senator Hull mit Zustimmung von Präsident Roosevelt am 26. November 1941 an Japan überreichte , stellte die Maximalbedingungen einer amerikanischen Politik für den gesamten Orient dar", schreibt Professor Beard und führt weiter aus:

> "Es bedurfte keiner profunden Kenntnis der japanischen Geschichte, der Institutionen und der Psychologie, um... erstens festzustellen, dass kein japanisches Kabinett, weder ein liberales noch ein reaktionäres, die Bestimmungen hätte akzeptieren können."

Und später noch einmal:

> "Der japanische Agent betrachtete das amerikanische Memorandum als eine Art Ultimatum. So viel wusste zumindest Minister Hull am 26. November."

Damit war die Periode maximaler Intervention kurz vor einem Schießkrieg beendet, und Roosevelt konnte sein Gesicht wahren, indem er US-Jungen nach Übersee schickte, ohne den Geist seiner vielen Versprechen zu brechen.

Mit dem Fortschreiten des Krieges wurden die wahre Politik und die Sympathien des Präsidenten immer deutlicher. Seine Täuschung der Briten und ihrer Verbündeten war nicht weniger eklatant als seine Täuschung des amerikanischen Volkes.

Wie Professor Beard auf Seite 576 darlegt:

> "Die edlen Prinzipien der vier Freiheiten und der Atlantik-Charta wurden in den Siedlungen, die den Verlauf und das Ende des Krieges begleiteten, praktisch verworfen.
>
> Von der Gültigkeit dieser Aussage zeugt die Behandlung der Menschen in Estland, Litauen, Polen, Rumänien, Jugoslawien, China, Indochina, Indonesien, Italien, Deutschland und anderen Orten der Erde.

Offensichtlich war eine große treibende Kraft am Werk, die einen Präsidenten der Vereinigten Staaten dazu veranlasste, so zu handeln.

Wie wir in einem früheren Kapitel gesehen haben, war es weder der Erhalt des Britischen noch des Französischen oder des Niederländischen Reiches, der den Präsidenten bewegte. Im Gegenteil, er hatte seinem eifrigen Leutnant Churchill bereits in einem frühen Stadium des Kalten Krieges geraten, diese zu liquidieren.

Es ging ihm nicht um Europa, nicht um die europäischen Länder, nicht um ihre Freiheiten, nicht um die Rechte aus der atlantischen Charta der vier Freiheiten, die ihn belasteten.

Wir wissen heute, dass die britische und die amerikanische Armee von General Ike Eisenhower auf Anweisung von Roosevelt auf der Konferenz von Jalta aufgehalten wurden, damit die Rote Armee des jüdischen Bolschewismus halb Europa überrennen und Berlin besetzen konnte.

Um noch einmal Professor Beard zu zitieren:

> "Als Folge des Krieges, der notwendig war, um Hitlers Despotismus zu stürzen, wurde ein anderer Despotismus auf eine höhere Stufe der Macht gehoben".

Abschließend fasst Professor Beard die zahlreichen Anklagen gegen den Präsidenten, die er in seinem Buch erhebt, in 12 Hauptpunkten zusammen und erklärt:

> "Wenn diese Präzedenzfälle unangefochten bleiben und Sanktionen für die weitere Führung der amerikanischen Angelegenheiten vorsehen sollen, kann die Verfassung vom Präsidenten und den Offizieren, die den Eid geleistet haben und moralisch verpflichtet sind, sie zu wahren, außer Kraft gesetzt werden.

An die Stelle einer begrenzten Regierung unter oberstem Recht können sie eine persönliche und willkürliche Regierung setzen - das erste Prinzip des totalitären Systems, gegen der Zweite Weltkrieg angeblich geführt wurde -, während sie gleichzeitig Lippenbekenntnisse zum Prinzip einer verfassungsmäßigen Regierung abgeben."

Wenn wir über den erstaunlichen Inhalt von Professor Beards Buch nachdenken und ihn in Verbindung mit den Enthüllungen in Colonel Roosevelts *As He Saw It* betrachten, stellt sich die Frage: Wen und welche Interessen hat Präsident Roosevelt nicht verraten.

Auf diese Frage kann ich nur eine Antwort sehen, nämlich jene Leute und ihre Interessen, die von Anfang an planten, die Arsenale und Streitkräfte der Vereinigten Staaten zu nutzen, um einen Krieg zu führen, der ein Europa vernichten würde, das **sich von der jüdischen** Gold- und Revolutionskontrolle **befreit** hatte: Leute, die planten, das britische Empire aufzulösen, Ketten von unbezahlbaren Schulden zu schmieden, um Großbritannien zu diesem Zweck zu zwingen und den Sowjets zu ermöglichen, "Europa wie ein Koloss zu beherrschen", mit anderen Worten, das internationale

Judentum.[13]

---

[13] Genau diese Worte wurden von General Smuts verwendet, der hinzufügte, dass er eine solche Aussicht begrüße. Es sei daran erinnert, dass General Smuts früher der Hauptrechtsberater der Zionistischen Organisation in Südafrika war.

VERORDNUNG 18B

Am 23. Mai 1940, innerhalb der ersten zwei Wochen der Premierministerschaft von Herrn Churchill, wurden plötzlich viele Hunderte von britischen Staatsbürgern, ein großer Teil von ihnen ehemalige Soldaten, verhaftet und gemäß der Verordnung 18B ins Gefängnis gesteckt.

Seit einigen Tagen führt die gesamte Presse eine immer heftiger werdende Kampagne gegen eine angebliche fünfte Kolonne in diesem Land, von der behauptet wird, dass sie darauf wartet, den Deutschen bei ihrer Landung zu helfen.

Wie unwahr diese Kampagne war, beweist die Tatsache, dass unser kompetentester Nachrichtendienst nie auch nur den fadenscheinigsten Beweis für eine solche Verschwörung erbracht hat, noch für einen Plan oder einen Befehl in diesem Zusammenhang, noch für die Beteiligung eines einzigen Verhafteten an einem solchen Unterfangen.[14]

Hätte es solche Beweise gegeben, wären die Betroffenen zweifellos angeklagt und vor Gericht gestellt worden, und zwar zu Recht. Es gab jedoch keinen einzigen Fall, in dem ein

---

[14] Denken Sie bei der Lektüre an die Lügen über angebliche Massenvernichtungswaffen, die Saddam Hussein gehortet haben soll, um das Massaker im Irak zu rechtfertigen. Es gab keine, sonst wären sie ja eingesetzt worden, oder? Und erinnern Sie sich an die Bemerkung von G.W. Bush, als er den "Krieg gegen den Terror" ausrief: "Wenn ihr nicht für uns seid, seid ihr gegen uns". Diejenigen, die gegen den nicht enden wollenden Krieg sind, werden also verdächtigt und beschuldigt, Terroristen zu sein. Je mehr sich die Dinge ändern, desto mehr bleiben sie gleich.

nach 18B verhafteter britischer Staatsbürger angeklagt wurde.

Gegen eine Frau, die Ehefrau eines angesehenen Admirals, Frau Nicholson, wurden sogar vier Anklagen erhoben. Sie wurde von einem Richter und Geschworenen angeklagt und in allen Punkten freigesprochen. Dies hinderte sie jedoch nicht daran, beim Verlassen des Gerichtsgebäudes verhaftet, freigesprochen und gemäß Verordnung 18B in das Holloway-Gefängnis eingewiesen zu werden, wo sie jahrelang blieb.

Die Verordnung 18B wurde ursprünglich eingeführt, um gegen bestimmte Mitglieder der I.R.A. vorzugehen, die in London eine Reihe sinnloser kleinerer Gewalttaten verübten. Ohne diese Verordnung könnte kein Lehnsmann Seiner Majestät im Vereinigten Königreich festgenommen und auf Verdacht inhaftiert werden.

Diese Praxis war in diesem Land seit langem aufgegeben worden, außer in kurzen Zeiträumen, in denen eine schwerwiegende Verschwörung nachgewiesen werden konnte, und in diesen Fällen wurde das Habeas Corpus immer ausgesetzt.

18B ermöglichte es, das mittelalterliche Verfahren der Verhaftung und Inhaftierung auf Verdacht wiederzubeleben, ohne die Aussetzung des Habeas Corpus. Es handelte sich in der Tat um eine Rückkehr zum System der Lettres de Cachet, mit dem Personen im vorrevolutionären Frankreich in die Bastille eingeliefert wurden.

In diesem Zusammenhang sei daran erinnert, dass diese Personen uneingeschränkten sozialen Umgang mit ihren Familien genossen und während der Haft ihre eigenen Bediensteten, Teller, Wäsche, Speisen und Getränke erhielten; eine ganz andere Behandlung als die von Personen, die unter 18B inhaftiert waren, deren Behandlung sich einige Zeit lang kaum von der eines gewöhnlichen Straftäters unterschied und sogar schlechter war als die eines Untersuchungshäftlings.

Diese Ausschreitungen der I.R.A. waren in einer Zeit, in der es keine großen Unterschiede zwischen diesem Land und dem irischen Freistaat gab, so töricht und scheinbar bedeutungslos, dass ich anfing, eine Reihe von Nachforschungen anzustellen.

Es überraschte mich nicht, als ich nach einiger Zeit feststellte, dass für die Begehung dieser Verbrechen spezielle Mitglieder der I.R.A. angeworben worden waren und dass es sich dabei praktisch ausschließlich um Kommunisten handelte.

Ich wusste aus zuverlässiger Quelle, dass der Left Book Club of Dublin aktiv an der Angelegenheit beteiligt war, und schließlich wurden mir die Namen von 22 dieser Männer genannt; und wieder wurde ich aus zuverlässiger Quelle informiert, dass sie **alle Kommunisten** waren.

Unmittelbar nach Erhalt dieser Informationen richtete ich eine Anfrage an den Innenminister und bot an, die erforderlichen Informationen zu liefern, falls die Angelegenheit aufgegriffen würde. Meine Vorstöße blieben erfolglos. **Aus diesen kommunistisch inspirierten Ausschreitungen ergab sich jedoch die Verordnung 18B.**[15]

Obwohl die I.R.A. vor dem Parlament als Vorwand für eine Verordnung angeführt wurde, wurde kaum eines ihrer Mitglieder jemals auf der Grundlage dieser Verordnung verhaftet; aber im Laufe der Zeit wurde sie dazu benutzt, sehr viele Hunderte von britischen Untertanen zu verhaften und für vier oder fünf Jahre festzuhalten, ohne dass sie angeklagt wurden, deren einziger gemeinsamer Nenner darin bestand, dass sie gegen die jüdische Macht über dieses Land im Allgemeinen und gegen ihre Bemühungen, es in einen Krieg mit rein jüdischen Interessen zu drängen, im Besonderen

---

[15] Und heute bekommen wir den U.S.A. Patriot Act, mit den gleichen Methoden und aus dem gleichen Grund. Um die Wahrheit und die Wahrheitsverkünder zu unterdrücken.

waren.

Jetzt ist der Kommunismus jüdisch beherrscht.

Wenn das marxistische Judentum ein Mittel brauchte, um die Zustimmung des Parlaments zu einer Verordnung wie 18B zu erlangen, welche einfachere Methode könnte es geben, um dieses Ziel zu erreichen, ohne Verdacht hinsichtlich der wahren **Hintergedanken** zu erregen, als einige kommunistische Mitglieder der I.R.A. zu veranlassen, Bomben in den Garderoben der Londoner Bahnhöfe zu legen?

In diesem Land hat jeder das Recht auf eine eigene Meinung, und wenn wir keine absoluten Beweise vorlegen können, können wir mit dem Innenminister sagen, wie ich es hier tue, dass ich "berechtigten Grund zu der Annahme" habe, dass dies die wahre Geschichte hinter dem Erlass der Verordnung 18B ist.

Als die Klausel zum ersten Mal in das Parlament eingebracht wurde, sah der ursprüngliche Wortlaut ganz klar vor, dass der Innenminister die Befugnis haben sollte, Personen britischer Geburt und Herkunft in Haft zu nehmen, "wenn er davon überzeugt ist, dass" eine solche Inhaftierung notwendig ist. Diese Formulierung war zumindest kristallklar.

Es wurde keine andere Meinung oder Kontrolle des persönlichen und absoluten Ermessens des Innenministers in Betracht gezogen: eine Rückkehr zu den Lettres de Cachet und der Sternenkammer im Grunde genommen. Das Unterhaus lehnte es strikt ab, eine solche Klausel zu akzeptieren oder seine Kontrollbefugnisse und seine Verantwortung als Hüter der Rechte und Freiheiten der Bürger an irgendeine Person abzugeben, sei es ein Kabinettsminister oder nicht.

Die Regierung musste daraufhin den beanstandeten Satz zurückziehen und legte einige Tage später einen zweiten Entwurf zur Genehmigung vor. In diesem neuen Entwurf, der, wie die Regierungssprecher zu erklären versuchten, in Übereinstimmung mit dem ausdrücklichen Wunsch des Parlaments erstellt worden war, war der notwendige Schutz vor willkürlicher Tyrannei der Exekutive eingeführt worden.

Die Worte "Der Innenminister ist überzeugt, dass" wurden durch "Er hat Grund zu der Annahme, dass" ersetzt.

Die Sprecher der Regierung erklärten bei dieser Gelegenheit ausführlich, dass diese Formulierung die erforderliche Sicherheit biete. Die Mitglieder des Parlaments wurden in dem Glauben gelassen, dass sich ihre Wünsche durchgesetzt hätten und dass sie die Richter darüber sein sollten, was ein "triftiger Grund" für eine fortgesetzte Inhaftierung sei und was nicht (wie sich in den nachfolgenden Debatten herausstellte), und ein eher unruhiges Haus verabschiedete die Klausel in dieser Form und mit diesem Verständnis.

Zwei Jahre später, als der Rechtsbeistand eines 18B-Gefangenen vor Gericht in diesem Sinne argumentierte und eine Art Belüftung des Falles seines Mandanten vor den Mitgliedern des Parlaments oder eines Gerichts forderte, plädierte kein Geringerer als der Generalstaatsanwalt selbst im Namen der Regierung dafür, dass die Worte "hat berechtigten Grund zu der Annahme, dass" genau das Gleiche bedeuten wie "ist überzeugt, dass".

Für die Gerichte war die Angelegenheit damit erledigt, auch wenn sie von einem sehr bedeutenden Juristen scharf kommentiert wurde.

Ich selbst wurde auf der Grundlage dieser Verordnung am 23. Mai 1940 verhaftet und in das Gefängnis von Brixton eingeliefert, wo ich bis zum 26. September 1944 in einer Zelle verblieb, ohne dass eine Anklage gegen mich erhoben wurde, und an diesem Tag lediglich eine knappe Mitteilung des Innenministeriums erhielt, dass die Anordnung meiner Inhaftierung "widerrufen" worden sei.

Bald nach meiner Verhaftung wurde mir ein Papier mit "Particulars" ausgehändigt, in dem die Gründe für meine Inhaftierung genannt wurden. Ich antwortete darauf während eines eintägigen Verhörs durch den so genannten Beratenden Ausschuss, vor dem ich keine Zeugen benennen konnte, nicht wusste, wer meine Ankläger waren und welche Anschuldigungen sie erhoben hatten, und mir wurde nicht gestattet, einen Anwalt hinzuzuziehen.

Diese Angaben und meine ausführliche Antwort darauf sind in Teil II einer Erklärung enthalten, die ich später dem Präsidenten und den Mitgliedern des Unterhauses zukommen ließ und die im Anhang dieses Buches zu finden ist. Sie stützten sich auf die unwahre Behauptung, meine antikommunistische Haltung sei nur vorgetäuscht und ein Deckmantel für illoyale Aktivitäten.

Wie unwahr diese Verleumdung war, lässt sich leicht beweisen, wenn man bedenkt, dass ich in den vergangenen zehn Jahren unablässig den Kommunismus angegriffen habe, sowohl durch Anfragen und Reden im Unterhaus als auch außerhalb.

WER WAGT ES?

Am Morgen nach meiner Entlassung aus dem Brixton-Gefängnis begab ich mich zu meiner üblichen Zeit um 10.15 Uhr zum Unterhaus, was mich nicht wenig überraschte. Es dauerte nicht lange, bis Juden und ihre Freunde mir und dem Right Club auf der Spur waren.

Eine Reihe von provokativen Fragen erschien bald auf dem Ordnungspapier; aber wie Gallio, der sich, als die Juden Sosthenes ergriffen und vor dem Richterstuhl schlugen, "um nichts von diesen Dingen kümmerte", gab ich kein Zeichen von Interesse. Dann wurden die Reporter in den Pressegalerien eingeschaltet, um zu versuchen, mir zumindest einige der Namen aus dem "Roten Buch" der Mitglieder des Rechten Clubs zu entlocken.

Nun wurden die Namen der Mitglieder des Rechten Clubs im Roten Buch, wie die Zeitungen lauthals verkündeten, streng geheim gehalten, mit dem einzigen Ziel, zu verhindern, dass die Namen den Juden bekannt werden. Der einzige Grund für diese Geheimhaltung war der ausdrückliche Wunsch der Mitglieder selbst.

Für mich persönlich war die Geheimhaltung der Namen nur ein Nachteil. Sie erleichterte meinen Feinden jede Art von Falschdarstellung; die Veröffentlichung der Namen wäre mir in jeder Hinsicht eine große Hilfe gewesen. Der einzige Grund für diese Beitrittsbedingung so vieler Mitglieder war die wohlbegründete Furcht vor jüdischen Vergeltungsmaßnahmen ernster Art.

Ich erinnere mich besonders an das Gespräch zu diesem Thema mit einem dieser Reporter von der Pressetribüne des Unterhauses. Er war ein einnehmender junger Mann und besonders aufdringlich. Wollte ich ihm nicht ein paar der Namen nennen? Ich sagte zu ihm:

> "Angenommen, Ihr Name stünde im Roten Buch und ich würde ihn trotz meines Versprechens, ihn nicht preiszugeben, an die Presse weitergeben und damit den eindeutigen Beweis liefern, dass Sie Mitglied einer Gesellschaft sind, die gegen die jüdische Vorherrschaft in Großbritannien kämpft: Sie würden Ihre Stelle bei Ihrer Zeitung sechs Monate lang nicht behalten."

"Ich sollte es nicht sechs Minuten behalten", war die prompte Antwort.

"Genau", antwortete ich. "Jetzt sehen Sie, warum ich Ihnen nicht einmal den Namen eines Mitglieds des Rechten Clubs aus dem Roten Buch nennen kann. Du selbst bestätigst ihre schlimmsten Befürchtungen."

Viele Hunderte von armen Menschen befinden sich heute in einer solchen Lage, wobei "Hunderte" nur ein Ausdruck ist. Die wirkliche Zahl muss ungeheuerlich sein. Wie viele, so könnte man fragen, können es sich leisten, das Risiko für ihren Lebensunterhalt einzugehen, das damit verbunden ist, bekannt zu machen, dass sie sich des jüdischen Zugriffs bewusst sind und bereit sind, sich ihm zu widersetzen.

Selbst die reichsten und einflussreichsten Magnaten des Landes wagen es nicht, dem Zorn des organisierten Judentums zu trotzen, wie die Geschichte über die Aktien der *Daily Mail* auf den Seiten 6 und 7 meiner Erklärung an den Sprecher zeigt.

Dies war nicht nur in Großbritannien der Fall, sondern vielleicht noch deutlicher in den USA, wie die Tagebücher des verstorbenen James Forrestal beweisen.

Die Forrestal-Tagebücher, die 1951 von der Viking Press, New York, veröffentlicht wurden, erreichen mich erst jetzt, da dieses Buch in Druck geht. Da sie von einem Mann von hoher Integrität stammen, der ab 1940 Unterstaatssekretär der US-Marine und von 1947 bis zu seinem Rücktritt und verdächtigen Tod einige Tage später im März 1949 Verteidigungsminister war, sind sie von größter Bedeutung. Die wichtigste Enthüllung darin ist auf den 27. Dezember 1945 datiert (Seiten 121 und 122):

> "Ich habe heute mit Joe Kennedy Golf gespielt (Joseph P. Kennedy, der in den Jahren unmittelbar vor dem Krieg Roosevelts Botschafter in Großbritannien war). Ich fragte ihn nach seinen Gesprächen mit Roosevelt und Neville Chamberlain von 1938 an. Er sagte, dass Chamberlain 1938 die Position vertrat, dass England nichts hatte, womit es kämpfen konnte, und dass es nicht riskieren konnte, in einen Krieg mit Hitler zu ziehen.
>
> Kennedys Ansicht: Hitler hätte gegen Russland gekämpft, ohne dass es später zu einem Konflikt mit England gekommen wäre, wenn Bullitt (William C. Bullitt - ein Halbjude - damals Botschafter in Frankreich) Roosevelt im Sommer 1939 nicht darauf gedrängt hätte, dass die Deutschen wegen Polen zur Vernunft gebracht werden müssten; weder die Franzosen noch die Briten hätten Polen zum Kriegsgrund gemacht, wenn es nicht das ständige Drängen aus Washington gegeben hätte.
>
> Bullitt habe Roosevelt immer wieder gesagt, dass die Deutschen nicht kämpfen würden, Kennedy, dass sie kämpfen würden und dass sie Europa überrennen würden. Chamberlain habe erklärt, Amerika und die Weltjuden hätten England in den Krieg gezwungen.

Wenn die Informationen von Herrn Forrestal über die Hintergründe des jüngsten Krieges noch einer Bestätigung bedurften, so haben sie diese bereits durch die freimütigen Äußerungen von Herrn Oswald Pirow, dem ehemaligen südafrikanischen Verteidigungsminister, erhalten, der am 14. Januar 1952 in Johannesburg gegenüber der Associated Press erklärte, dass:

> "Chamberlain hatte ihm gesagt, er stehe unter großem Druck des Weltjudentums, Hitler nicht entgegenzukommen.

Eine zweite wichtige Enthüllung in den Forrestal-Tagebüchern betrifft den Zionismus. Aus den Einträgen geht hervor, dass Forrestal im Dezember 1947 sehr besorgt über die Einmischung der Zionisten in die amerikanische Politik war. Er berichtet von Gesprächen mit Mr. Byrnes und Senator Vandenberg, Gouverneur Dewey und anderen, in denen er versuchte, die Palästinafrage aus der Parteipolitik herauszuhalten. Von diesem Zeitpunkt an scheint er sich kontinuierlich um dieses Ziel bemüht zu haben.

Die Tagebucheinträge am 3. Feb. 1948 (Seiten 362 und 363):

> "Besuch von Franklin D. Roosevelt Jr. heute, der sich stark für einen jüdischen Staat in Palästina einsetzte, dass wir die 'Entscheidung' der Vereinten Nationen unterstützen sollten, wies ich darauf hin, dass die Vereinten Nationen noch keine 'Entscheidung' getroffen hatten, dass es sich nur um eine Empfehlung der Generalversammlung handelte und dass ich die Methoden, die von Leuten außerhalb der Exekutive der Regierung angewandt wurden, um anderen Nationen in der Generalversammlung Zwang und Nötigung aufzuerlegen, fast für einen Skandal hielt...
>
> Ich habe gesagt, dass ich mich lediglich darum bemühe, die Frage aus der Politik herauszuholen, d. h., dass sich die beiden Parteien darauf einigen, dass sie in dieser Frage nicht um Stimmen konkurrieren werden.
>
> Er sagte, dies sei unmöglich, die Nation sei zu stark engagiert und außerdem würde die Demokratische Partei durch eine solche Vereinbarung zwangsläufig verlieren und die Republikaner gewinnen.
>
> Ich sagte, ich sei gezwungen, ihm zu wiederholen, was ich Senator McGrath gesagt hatte, als dieser bemerkte, dass wir

die Staaten New York, Pennsylvania und Kalifornien verlieren könnten, wenn wir nicht mit den Zionisten zusammenarbeiten - dass ich dachte, es sei an der Zeit, dass jemand darüber nachdenkt, ob wir nicht die Vereinigten Staaten verlieren könnten."

Nach einer kurzen Notiz des Herausgebers der Tagebücher folgt der Eintrag für den 3 Februar 1948 (Seite 364):

"Habe mit Herrn B. M. Baruch zu Mittag gegessen. Nach dem Mittagessen stellte ich ihm die gleiche Frage. Er riet mir, mich in dieser Angelegenheit nicht zu engagieren, da ich bereits in einem Maße mit der Opposition gegen die Palästina-Politik der Vereinten Nationen identifiziert sei, das nicht in meinem eigenen Interesse liege."

Ungefähr zu dieser Zeit wurde in der amerikanischen Presse und in Zeitschriften eine beispiellose Verleumdungskampagne gegen Forrestal gestartet. Dies scheint ihn so sehr getroffen zu haben, dass er im März 1949 vom Amt des US-Verteidigungsministers zurücktrat und am 22. desselben Monats infolge eines Sturzes aus einem sehr hohen Fenster tot aufgefunden wurde.

EPILOG

Ich werde den vielen Abgeordneten immer dankbar sein, die mir meine Rückkehr ins Parlament durch ihre sofortige Begrüßung und ihr freundliches Verhalten sehr viel leichter gemacht haben, als es vielleicht der Fall gewesen wäre.

Ich fürchte, dass viele, deren Handlungen im Plenarsaal selbst und außerhalb des Plenarsaals aufgedeckt oder den Pressevertretern gemeldet wurden, Opfer eines Rachefeldzugs in ihren Wahlkreisen und in der Presse aus diesem Grund wurden.

Wenn wir über diese blutigen Ereignisse von der Zeit König Karls I. bis in unsere Tage nachdenken, können wir letztlich nur einen Grund zur Zufriedenheit finden, wenn ein solches Wort überhaupt angebracht sein kann. Es ist die Tatsache, dass wir jetzt zum ersten Mal die zugrunde liegenden Einflüsse aufspüren können, die diese abscheulichen Entstellungen in der europäischen Geschichte erklären.

Im Lichte des heutigen Wissens können wir nun die wahre Bedeutung dieser schrecklichen Ereignisse erkennen und verstehen. Anstelle von unzusammenhängenden Ereignissen können wir nun das gnadenlose Wirken eines satanischen Plans erkennen; und da wir sehen und verstehen, sind wir in der Lage, in Zukunft Schritte zu unternehmen, um all jene Werte zu schützen, die wir lieben und für die wir einstehen und die dieser Plan eindeutig zu zerstören sucht.

Wir können endlich damit beginnen, uns den Planern und

Betreibern dieses Plans entgegenzustellen, indem wir über ihn und ihre Technik Bescheid wissen, die bisher nur ihnen bekannt war. Mit anderen Worten: Wir sind vorgewarnt, und es ist unsere Schuld, wenn wir nicht gewappnet sind.

Vergessen wir nicht solche Worte wie die des Juden Marcus Eli Ravage, der im *Century Magazine* U.S.A. im Januar 1928 schrieb:

> "Wir haben nicht nur den letzten Krieg, sondern alle eure Kriege überstanden; und nicht nur die russische, sondern alle eure Revolutionen, die in eurer Geschichte Erwähnung finden."

Wir sollten auch nicht die Worte von Professor Harold Laski vergessen, der am 11. Januar 1942 *im New Statesman und in der Nation* schrieb: :

> "Denn dieser Krieg ist in seinem Wesen nur eine gewaltige Revolution, in der der Krieg von 1914, die russische Revolution und die Gegenrevolutionen auf dem Kontinent frühere Phasen sind."

Auch nicht die Warnung des bedeutenden jüdisch-amerikanischen Rechtsanwalts, Verlegers und Reporters Henry Klein, die erst letztes Jahr ausgesprochen wurde:

> "Die Protokolle sind der Plan, nach dem eine Handvoll Juden, die den Sanhedrin bilden, die Welt beherrschen wollen, indem sie zuerst die christliche Zivilisation zerstören.
>
> "Meiner Meinung nach sind die Protokolle nicht nur echt, sondern sie wurden auch fast vollständig erfüllt.

Sie sind in der Tat weitgehend erfüllt worden; ein nicht geringer Teil des jüdischen Dankes gebührt Mr. Roosevelt und seinem "glühenden Leutnant", dem selbsternannten "Architekten der jüdischen Zukunft".

In diesem Prozess wurden jedoch Großbritannien und sein Empire und, was noch schlimmer ist, sein guter Name und seine Ehre in den Schmutz gezogen. Wie Professor Beard schrieb:

> "Die hehren Grundsätze der Vier Freiheiten und der Atlantik-Charta wurden in den Regelungen, die den Verlauf und das Ende des Krieges begleiteten, praktisch über Bord geworfen. Die Behandlung der Völker Estlands, Litauens, Polens, Rumäniens, Jugoslawiens, Chinas, Indochinas, Indonesiens, Italiens, Deutschlands und anderer Orte der Erde zeugt von der Richtigkeit dieser Feststellung."

Kürzlich erschien in der Presse der Ausruf von Frau Chiang Kai Shek, die Großbritannien einen "moralischen Schwächling" (in Bezug auf China) nannte. Es wird berichtet, dass sie sagte:

> "Großbritannien hat die Seele einer Nation für ein paar Silberstücke eingetauscht... Eines Tages werden diese Silberstücke mit britischem Blut, Mühsal, Schweiß und Tränen auf dem Schlachtfeld der Freiheit verzinst."

Es könnte General Sikorski selbst sein, der da spricht, oder nicht? In der gleichen Zeitung habe ich gesehen, dass Herr Jackson Martindell, Präsident des American Institute of Management, erklärt hat, dass,

> "Das Wort eines Engländers ist nicht länger sein Pfand".

Wie oft habe ich das seit 1939 von arabischen Quellen gehört? Herr Martindell fuhr fort,

> "Ich sage es nur ungern, aber Großbritannien wird nicht nur wirtschaftlich, sondern auch moralisch arm."

Von Polen über Palästina bis nach China werden diese Worte seit vielen Jahren vom jüdischen Teil dieses Landes wiederholt, und zwar wiederholt.

Der Grund dafür ist nicht weit zu suchen. Kein Mensch kann zwei Herren dienen, vor allem dann nicht, wenn die Prinzipien und Interessen dieser beiden Herren so weit auseinander liegen wie die Großbritanniens und seines Imperiums und die des Judentums und seines Imperiums, der UdSSR.

Seit dem Sturz der Regierung Chamberlain sind die Interessen des jüdischen Imperiums ebenso gewaltig vorangeschritten wie die Großbritanniens und seines Reiches in den Hintergrund getreten sind.

Noch merkwürdiger ist, dass - sollte jemand es wagen, die Wahrheit in klaren Worten auszusprechen - die einzige Antwort der Vorwurf des Antisemitismus ist. Wie Herr Douglas Reed deutlich gezeigt hat, ist der Begriff "Antisemitismus" bedeutungsloser Unsinn - und wie er vorschlägt, könnte man ihn genauso gut "Antisemolina" nennen.

Die Araber sind Semiten, und kein so genannter "Antisemit" ist antiarabisch. Es ist nicht einmal korrekt zu sagen, dass er antijüdisch ist. Im Gegenteil, er weiß besser als die Uninformierten, dass ein großer Teil der Juden nicht an dieser Verschwörung beteiligt ist.

Der einzig korrekte Begriff für den missverstandenen "Antisemit" ist "jüdisch". Es ist in der Tat der einzige faire und ehrliche Begriff.

Der Begriff "Antisemit" ist lediglich ein Propagandawort, mit dem die unreflektierte Öffentlichkeit dazu gebracht werden soll, das ganze Thema ungeprüft zu verdrängen: Solange dies geduldet wird, werden diese Übel nicht nur fortbestehen, sondern noch schlimmer werden.

Die "Judenweisen" wissen, dass wir in Großbritannien ein jüdisches "Imperium in Imperio" haben, das trotz aller Beteuerungen und Tarnungen in erster Linie jüdisch ist, und zwar in völliger Übereinstimmung mit dem übrigen Weltjudentum. Wer daran zweifelt, braucht nur die 1948 vom Jüdischen Weltkongress herausgegebene *"Unity in Dispersion"* zu lesen, in der das Judentum als eine Nation proklamiert wird.

Nicht alle Juden hier wollen in diese enge soziale Tyrannei hineingepresst werden; aber wenn dieses Land ihnen keinen Ausweg bietet, wagen sie es nicht, das Risiko - ein sehr großes Risiko - einzugehen, sich ihr zu widersetzen: und so sind sie gezwungen, bis zu einem gewissen Grad zu kooperieren.

Noch schlimmer ist, dass bestimmte Nichtjuden, die keinen guten Grund haben, diese vereinte Kraft unterstützen, die wiederum dazu benutzt wird, unsere politischen Parteien, die Innen- und Außenpolitik, die Presse und das öffentliche Leben zu beeinflussen oder zu kontrollieren.

Diese unheilige Einheitsfront muss aufgedeckt und vereitelt werden. Ein Schritt zur Erreichung dieses Ziels scheint erstens ein Erlass zu sein, der verhindert, dass nichtjüdische Esaus ihre Hände für die Ausführung von Befehlen zur Verfügung stellen, die von der Stimme des jüdischen Jacobs ausgesprochen werden.

Eine andere: die Loslösung von der Jüdischen Einheitsfront von Juden, die sich nicht dem Diktat des Jüdischen Weltkongresses unterwerfen wollen. An erster Stelle steht jedoch die Notwendigkeit, Menschen guten Willens über die Wahrheit in dieser Angelegenheit zu informieren, insbesondere über die wahre Anatomie, die Ziele und die Methoden des marxistischen Feindes.

Zu diesem Zweck biete ich den Inhalt dieses Buches in aller Bescheidenheit allen an, die entschlossen sind, den Kommunismus zu bekämpfen.

ERKLÄRUNG

ERKLÄRUNG VON HAUPTMANN RAMSAY AUS DEM BRIXTON-GEFÄNGNIS AN DEN PRÄSIDENTEN UND DIE MITGLIEDER DES PARLAMENTS ÜBER SEINE INHAFTIERUNG GEMÄß PARAGRAPH 18B DER VERTEIDIGUNGSVORSCHRIFTEN.

Alle Angaben, die als Gründe für meine Verhaftung angeführt werden, beruhen auf der Anschuldigung, dass meine Haltung und meine Aktivitäten gegen den Kommunismus, den Bolschewismus und die Politik des organisierten Judentums nicht echt seien, sondern lediglich eine Tarnung für antibritische Pläne darstellten.

In dem folgenden Memorandum, das noch erheblich erweitert werden könnte, habe ich ein Minimum an Fakten angeführt, die nicht nur beweisen, dass meine Haltung während meiner gesamten Zeit im Unterhaus aufrichtig, offen und unveränderlich war, sondern dass ich im Laufe meiner Nachforschungen zahlreiche und schlüssige Fakten gesammelt hatte, die eine solche Haltung begründen und logischerweise zur Gründung des Right Club, einer im Wesentlichen patriotischen Organisation, führten.

Während meiner gesamten Zeit als Abgeordneter (seit 1931) habe ich einen offenen und unermüdlichen Angriff auf den Bolschewismus und seine Verbündeten geführt. In der Tat hatte ich mit dieser Opposition bereits begonnen, lange bevor ich Abgeordneter wurde.

Die folgende Übersicht wird dies zeigen; und auch die spätere Gründung des Right Club als logische Folge meiner Arbeit.

Diese Arbeit gliedert sich in drei Phasen.

In der ersten Phase, die kurz nach der Russischen Revolution begann und bis etwa 1935 dauerte, nahm ich an, dass die Mächte hinter dem Bolschewismus russisch waren; in der zweiten Phase (1935-38) erkannte ich, dass sie international waren: In der dritten Phase erkannte ich, dass sie jüdisch waren.

PHASE I

In Phase I war es mir immer ein Rätsel, warum die Russen so viel Zeit und Geld für revolutionäre Aktivitäten in Großbritannien ausgaben.

Mein erster aktiver Schritt war, bei der Wahl zu sprechen, die durch die Veröffentlichung des Briefes von Sinowjew alias Apfelbaum in der *Daily Mail* bekannt wurde, in dem er zur Revolution in Großbritannien aufrief. (Ich sprach gegen den Bolschewismus und in der Northwich Division.)

Als ich 1931 gewählt wurde, trat ich in das Russische Handelskomitee ein, das die Aktivitäten der Bolschewiki hier beobachtete. Ich gehörte auch dem Rat der christlichen Protestbewegung an, die gegründet wurde, um gegen die von den Bolschewiken begangenen Übergriffe auf Priester, Nonnen und die christlichen Kirchen zu protestieren. Aus den Protokollen geht hervor, dass ich in dieser Zeit viele Fragen gestellt habe, in denen ich die Aktivitäten der Bolschewiki in diesem Land angriff.

PHASE II

In Phase II habe ich erkannt, dass die Kräfte hinter dem Bolschewismus nicht russisch, sondern international sind.

Ich habe versucht, mir ein Bild von der Zusammensetzung dieses geheimnisvollen Gremiums, der Komintern, zu machen, über die die sowjetische Regierung nach den

Antworten auf meine parlamentarischen Anfragen keine Kontrolle ausüben konnte.

Gegen Ende dieser Phase war ich mit diesem geistigen Bild der Komintern so weit fortgeschritten, dass ich es zum Thema einer Reihe von Ansprachen machte, die ich vor Rotary Clubs und anderen Gesellschaften in London, Edinburgh und anderswo hielt, wobei ich sie häufig mit "Rote Flügel über Europa" betitelte.

Diese zweite Phase dauerte bis weit in den Spanischen Bürgerkrieg hinein. Ich erkannte fast sofort die Schuld der Komintern an der ganzen Angelegenheit, bis hin zur Internationalen Brigade, und griff sie ständig mit einer Reihe von Fragen im Plenum an.

Die Haltung der gesamten britischen Presse verblüffte mich zunächst und half mir dann, die wahren Kräfte hinter der Weltrevolution zu erkennen. **Die Presse stellte die Feinde General Francos als liberale und protestantische Reformer dar, statt als die internationalen Revolutionäre gegen Gott, die sie waren.**

Beamte der russischen Tscheka waren tatsächlich für die Gefängnisse auf der roten Seite verantwortlich. McGovern hat in seinem Pamphlet *"Red Terror in Spain"* alle wichtigen Fakten zusammengetragen.

Zu dieser Zeit organisierte ich Umzüge von Sandwich-Männern, um die Schuld der Bolschewisten in Spanien aufzudecken, unterstützte eine Zeitung namens *The Free Press* und machte Propaganda, wo ich nur konnte. Etwa achtzig oder neunzig Mitglieder des Parlaments haben sich diesen Bemühungen angeschlossen.

Im September 1937 übernahm ich im Auftrag von Sir Henry Lunn den Vorsitz des Ausschusses der Vereinigten Christlichen Front.

Danach wurden viele Tausende von Briefen mit meiner Unterschrift an führende Persönlichkeiten im Königreich verschickt, in denen ich sie über die wahren Fakten des Krieges in Spanien informierte und Christen aller Gemeinschaften aufforderte, sich dem Kampf gegen den gottlosen Roten Terror anzuschließen, der damals Spanien und später ganz Europa, einschließlich Großbritannien, bedrohte.

Eine Reihe von patriotischen Gesellschaften begann nun, regelmäßig mit mir in dieser Arbeit gegen den Bolschewismus zusammenzuarbeiten, darunter die National Citizens' Union, die British Empire League, die Liberty Restoration League und die Economic League. Wir begannen, uns regelmäßig in einem Ausschussraum des Unterhauses zu treffen.

Als ich mich **im Mai 1936** aufmachte, um gegen die Einreise von Agenten der Komintern in dieses Land zu protestieren, die an dem so genannten gottlosen Kongress teilnahmen, schlossen sich uns die British Bible Union, der Order of the Child und die British Israel World Federation an.

Aus den Informationen, die ich von diesen Gesellschaften erhielt, erkannte ich, dass der vorhergehende Gottlosen-Kongress in Prag alle nationalen Freidenker-Gesellschaften unter eine einheitliche Kontrolle gebracht hatte, die nun unter der Autorität der militanten Gottlosen Russlands standen und somit eine subtile und wirksame Waffe für die bolschewistische Propaganda darstellten.

Bei unseren Treffen zur Koordinierung des Widerstands waren wir uns alle einig, dass es zwar vielleicht das Recht britischer Männer und Frauen ist, einen Kongress zu einem beliebigen Thema abzuhalten, dass diese Freiheit aber nicht als Freibrief für internationale Revolutionäre ausgelegt werden sollte, ihre Pläne zur Zerstörung des religiösen, sozialen und öffentlichen Lebens unseres Landes zu entwickeln.

Am 28. Juni habe ich daher eine Gesetzesvorlage mit dem

Titel ALIENS' RESTRICTTION (BLASPHEMY) BILL eingebracht, um Ausländer daran zu hindern, an diesem Kongress teilzunehmen oder ihn zum Anlass für die Verbreitung ihrer gotteslästerlichen Literatur zu nehmen.

Der Gesetzentwurf wurde in erster Lesung mit 165 gegen 134 Stimmen angenommen. Für die Nein-Lobby stimmten die Herren Rothschild, G. R. Strauss, T. Levy, A. M. Lyons, Sir F. Harris, D. N. Pritt, W. Gallacher, Dr. Haden Guest und Dr. Summerskill.

Im **Herbst 1938** wurde ich mit der Tatsache vertraut gemacht, dass die Macht hinter der Weltrevolution nicht nur eine vage Gruppe von Internationalisten war, sondern das organisierte Weltjudentum.

Das erste Dokument, das mich so überzeugte, war ein Weißbuch der britischen Regierung, von dessen Existenz ich bis dahin nichts gewusst hatte. Darin wurde wörtlich ein Auszug aus einem Bericht zitiert, den Herr Balfour am 19. September 1918 von Herrn Oudendyke, dem niederländischen Minister in Petrograd, der zu diesem Zeitpunkt für die britischen Interessen dort zuständig war, erhalten hatte:

> "Die Gefahr ist jetzt so groß, dass ich es für meine Pflicht halte, die britische Regierung und alle anderen Regierungen darauf aufmerksam zu machen, dass die Zivilisation der ganzen Welt bedroht ist, wenn dem Bolschewismus nicht sofort ein Ende gesetzt wird. Dies ist keine Übertreibung, sondern eine Tatsache...
>
> Ich bin der Meinung, dass die sofortige Unterdrückung des Bolschewismus das größte Problem ist, das der Welt bevorsteht, selbst wenn man den Krieg, der immer noch wütet, nicht ausklammert, und dass der Bolschewismus, wenn er nicht, wie oben erwähnt, sofort im Keim erstickt wird, sich zwangsläufig in der einen oder anderen Form über Europa und die ganze Welt ausbreiten wird, da er von Juden organisiert und betrieben wird, die keine Nationalität haben und deren einziges Ziel darin besteht, die bestehende

Ordnung der Dinge für ihre eigenen Zwecke zu zerstören. Die einzige Art und Weise, wie diese Gefahr gebannt werden kann, wäre ein gemeinsames Vorgehen aller Mächte.

Fast ebenso bemerkenswert wie das obige Zitat war die Tatsache, die mir gleichzeitig zur Kenntnis gebracht wurde, nämlich, dass dieses Weißbuch sofort zurückgezogen und durch eine gekürzte Ausgabe ersetzt wurde, aus der diese wichtigen Passagen gestrichen worden waren. Man zeigte mir die beiden Weißbücher - das Original und die gekürzte Ausgabe - nebeneinander.

Das zweite Dokument, auf das ich zu diesem Zeitpunkt aufmerksam wurde, war die Broschüre mit dem Titel *The Rulers of Russia (Die Herrscher Russlands)*, verfasst von Dr. Dennis Fahey, C.S.S.P., und mit dem Imprimatur des Erzbischofs von Dublin versehen, datiert vom 26. März 1938. Im Eröffnungssatz dieses Pamphlets schreibt Dr. Fahey

> "In dieser Broschüre präsentiere ich meinen Lesern eine Reihe ernsthafter Dokumente, die zeigen, dass die wirklichen Kräfte hinter dem Bolschewismus jüdische Kräfte sind und dass der Bolschewismus in Wirklichkeit ein Instrument in den Händen der Juden zur Errichtung ihres zukünftigen messianischen Reiches ist."

Dr. Fahey führt dann eine interessante Reihe von Beweisen an. Auf Seite 1 gibt er auch die folgende Passage von Herrn Hilaire Belloc an, die aus dessen Weekly vom 4 Februar 1937 stammt:

> "Wer nicht weiß, dass die gegenwärtige revolutionäre bolschewistische Bewegung in Russland jüdisch ist, dem kann ich nur sagen, dass er auf die Unterdrückung unserer bedauernswerten Presse hereingefallen sein muss."

Andere Autoritäten, die in der Broschüre zitiert werden, sind Dr. Homer, D. Sc., Graf Leon de Poncins in seinem Werk *Contre-Revolution* und die Aussagen von Pfarrer George A.

Simons, Superintendent der Methodist Episcopal Church in Petrograd von 1907 bis Oktober 6 1918, die er am 12. Februar 1919 vor einem Ausschuss des Senats der Vereinigten Staaten machte.

Pfarrer Simons erklärte bei dieser Gelegenheit im Hinblick auf die bolschewistische Regierung in Petrograd:

> "Im Dezember 1918... unter dem Vorsitz eines Mannes namens Apfelbaum (Sinowjew)... waren von 388 Mitgliedern zufällig nur 16 echte Russen, und alle anderen (mit Ausnahme eines Mannes, der ein Neger aus Nordamerika ist) waren Juden... und 265 dieser Juden, die zu dieser nördlichen Kommunalregierung gehören, die im alten Smolny-Institut sitzt, kommen aus der Lower East Side von New York - 265 von ihnen."

Auf Seite 8 zitiert Dr. Fahey Zahlen, die zeigen, dass im Jahr 1936:

> "Das Zentralkomitee der Kommunistischen Partei in Moskau, dem eigentlichen Zentrum des internationalen Kommunismus, bestand aus 59 Mitgliedern, von denen 56 Juden waren und die anderen drei mit Jüdinnen verheiratet waren..."

> "Stalin, der gegenwärtige Herrscher Russlands, ist kein Jude, aber er hat sich die einundzwanzigjährige Schwester des Juden L.M. Kaganowitsch, seiner rechten Hand, zur zweiten Frau genommen, der als sein wahrscheinlicher oder möglicher Nachfolger gehandelt wird. Jede Bewegung Stalins findet unter jüdischen Augen statt."

Zusätzlich zu diesen Dokumenten erreichte mich jetzt eine Menge von Beweisen über jüdische Aktivitäten in Großbritannien in Form von subversiven Organisationen jeder Art, antireligiös, antimoralisch, revolutionär, und solche, die daran arbeiten, das jüdische System des finanziellen und industriellen Monopols zu etablieren.

So kam ich schließlich zu der Überzeugung, dass die russische und die spanische Revolution sowie die subversiven Gesellschaften in Großbritannien Teil ein und desselben Plans waren, der insgeheim vom Weltjudentum betrieben und kontrolliert wurde, und zwar genau nach den Vorgaben der *Protokolle der Weisen von Zion,* die 1906 im Britischen Museum aufbewahrt wurden (und die kurz nach dem letzten Krieg von der *Morning Post* abgedruckt worden waren, wovon sich diese Zeitung nie wieder erholte).

Diese Protokolle sind keine Fälschung, und ich und andere könnten dafür Beweise liefern, die jedes unparteiische Gericht überzeugen würden.

Bei der nächsten Zusammenkunft der patriotischen und christlichen Gesellschaften fühlte ich mich verpflichtet, die Judenfrage anzusprechen, und merkte sehr bald, dass sich unsere Wege trennten. Mit sehr wenigen Ausnahmen wurde unsere Zusammenarbeit eingestellt.

Ich erkannte, dass, wenn etwas getan werden sollte, eine besondere Gruppe gebildet werden musste, die unter Beibehaltung der wesentlichen Merkmale der früheren Gruppe die Aufgabe übernehmen würde, der jüdischen Bedrohung entgegenzutreten und sie aufzudecken. Zu diesem Zeitpunkt entstand die Idee des Rechten Clubs, obwohl die tatsächliche Gründung erst einige Monate später, im Mai 1939, erfolgte.

Vom Herbst 1938 an verbrachte ich viele Stunden pro Woche damit, mit Hinterbänklern und Regierungsmitgliedern über diese Themen zu sprechen.

Das Ausmaß der damit verbundenen Probleme schreckte viele ab. Eine bestimmte Erwiderung ist meiner Erinnerung nach typisch für diese Art von Haltung:

> "Nun, das ist alles sehr beunruhigend, schrecklich sogar, aber was kann man dagegen tun? Ich werde jetzt gehen und

versuchen, es so schnell wie möglich zu vergessen."

Gegen **Ende des Jahres 1938** erhielt ich die Nachricht, dass die Kontrollanteile der *Daily Mail* zum Verkauf standen.

Da ich wusste, dass ein strenger Anzeigenboykott gegen die Zeitung verhängt worden war, nachdem sie zwei oder drei Artikel gedruckt hatte, die in den Augen der Internationalisten eine pro-francoistische Sicht des Spanischen Krieges vertraten (was in Wirklichkeit die Wahrheit war), war die Nachricht für mich keine große Überraschung.

Könnte ich einen Käufer finden? Ich beschloss, mich an einen gewissen sehr wohlhabenden und patriotischen Kollegen zu wenden, der ein großes Unternehmen leitete. Ein gemeinsamer Freund arrangierte ein Vorstellungsgespräch.

Nach der Einleitung gab ich einen Überblick über die Aktivitäten und die Macht des organisierten Judentums im Allgemeinen und über ihre geheime Kontrolle der Öffentlichkeitsarbeit in Großbritannien im Besonderen, so wie ich sie sehe. Als ich nach etwa 70 Minuten endete, wurde allgemeine Zustimmung zu meinen Ansichten geäußert.

Daraufhin versuchten der gemeinsame Freund und ich, unseren Zuhörer zu überreden, die besagten Aktien zu kaufen und "das Schweigegelübde zu brechen". Er antwortete:

> "Das traue ich mich nicht. Sie würden mich zu einem Stückchen Brot bringen. Wenn es nur um mich ginge, wäre es mir egal; ich würde sie bekämpfen. Aber viele meiner Anteile sind im Besitz von Witwen und Waisen, und um ihretwillen muss ich mich weigern."

Als wir unser Erstaunen darüber zum Ausdruck brachten, dass das Judentum einem Mann von seiner finanziellen Stärke und industriellen Macht und einer so auffälligen nationalen Persönlichkeit eine solch vernichtende Vergeltung auferlegen konnte, gab er uns Einzelheiten über eine solche Vergeltung, die das organisierte Judentum einige Jahre zuvor gegen ihn gerichtet hatte.

Er hatte sich geweigert, einigen Forderungen nachzukommen, die sie an ihn gestellt hatten und die seine Werke betrafen. Nach einer letzten Warnung, die er ignoriert hatte, war ein weltweiter Boykott gegen ihn eingeleitet worden, der innerhalb von 24 Stunden überall dort in Kraft trat, wo er Vertreter oder Büros hatte. Auch Brände und Streiks traten auf mysteriöse Weise auf. Die daraus resultierenden Verluste hatten ihn schließlich zum Einlenken gezwungen.

Innerhalb von 24 Stunden wurde der Boykott in der ganzen Welt aufgehoben.

Sie waren der Meinung, dass eine so extreme, universelle und konsequente Voreingenommenheit gegen Franco auf das Vorhandensein eines vorsätzlichen Plans hindeutete, und obwohl sie nicht bereit waren, meiner These zuzustimmen, dass die Juden diese Kontrolle mit verschiedenen Mitteln ausübten und dass die ganze Angelegenheit Teil ihres Weltplans war, hatten viele dennoch das Gefühl, dass irgendwo etwas ganz und gar nicht stimmte.

Im Laufe dieser Gespräche erhielt ich die Unterstützung von Abgeordneten aller Parteien für den Gesetzentwurf, den ich in diesem Zusammenhang vorbereitete.

Am **13. Dezember 1938** habe ich den Gesetzentwurf mit dem Titel COMPANIES ACT AMENDMENT BILL eingebracht, der vorsieht, dass die Aktien von Zeitungen und Nachrichtenagenturen auf den Namen des Inhabers lauten müssen und nicht, wie es heute in den meisten Fällen der Fall ist, auf den Namen eines Bevollmächtigten.

Der Gesetzentwurf wurde in erster Lesung mit 151 zu 104 Stimmen angenommen. In der Aye-Lobby waren Abgeordnete aller Parteien, darunter 13 Right Hon. Gentlemen 98 davon Sozialisten).

In der Nein-Lobby waren die Herren Rothschild, Schuster, Shinwell, Cazalet, Gallacher, Sir A. Sinclair, Gluckstein und Mr. Samuel Storey dagegen, blockierten auch den Gesetzentwurf und schienen für diese Rolle geeignet.

Ich fasste nun den Entschluss, sofort mit der Bildung einer Gruppe zu beginnen, die dem Charakter nach der Gruppe von Vertretern der christlichen und patriotischen Gesellschaften ähnelte, mit der ich bis zum Auftauchen des Judenproblems zusammengearbeitet hatte; diesmal aber eine Gruppe, die den Widerstand gegen diese Bedrohung in den Vordergrund ihrer Aktivitäten stellen würde.

Mr. Cross war der Sekretär, und der verstorbene Herzog von Wellington, Präsident der Liberty Restoration League, war der Vorsitzende bei den meisten der wenigen Treffen, die wir abhielten. Das erste Ziel des Right Club war es, die Tory-Partei aufzuklären und sie von jeglicher jüdischer Kontrolle zu befreien.

Das organisierte Judentum war nun eindeutig auf den Weltkrieg aus. Das Scheitern ihrer Internationalen Brigade in Spanien, die zunehmende Entlarvung ihrer Person und das daraus resultierende Risiko eines totalen Zusammenbruchs ihres Plans machten einen sofortigen Krieg aus ihrer Sicht zwingend notwendig.

Im **Juli 1939** hatte ich ein Gespräch mit dem Premierminister. Ich sprach über die russische Revolution und die Rolle, die das Judentum dabei gespielt hatte, über die spanische Revolution, die von denselben Leuten auf ähnliche Weise vorbereitet und durchgeführt wurde, über die subversiven Gesellschaften in Großbritannien und über die Presse- und Nachrichtenkontrolle in diesem Land.

Schließlich machte ich den Premierminister auf die Untergrundarbeit aufmerksam, die darauf abzielte, seine Friedenspolitik und ihn selbst zu stürzen und den Krieg herbeizuführen.

Herr Chamberlain vertrat die Auffassung, dass Anschuldigungen von so schwerwiegender und weitreichender Art sehr umfangreiche dokumentarische Beweise erfordern würden. Ich beschloss, dokumentarische Beweise zu sammeln, die es ermöglichen würden, Maßnahmen zu ergreifen.

Der Ausbruch des Krieges ermöglichte es den Juden, ihren Aktivitäten den Deckmantel des Patriotismus zu geben. Ihre Pressemacht ermöglichte es ihnen, diejenigen, die sich ihren Plänen widersetzten, als pro-nazistisch und illoyal gegenüber Großbritannien darzustellen und zu entlarven.

Die Schwierigkeit, mit der ich konfrontiert war, bestand darin, dass ich zwar die Pflicht hatte, das Land vor den Folgen einer vom organisierten Judentum beeinflussten und gegen die britischen Interessen gerichteten Politik zu warnen, gleichzeitig aber keine Schwierigkeiten für Herrn Chamberlain verursachen wollte.

Es wurde daher beschlossen, den Right Club für die Dauer der Krise zu schließen. Der Geist des Clubs veranlasste die jüngeren Mitglieder natürlich dazu, sich den Streitkräften anzuschließen, wo sie an den meisten Fronten mit Auszeichnung gedient haben. Es entsprach demselben Geist, dass andere, die sich nicht engagierten, den Kampf gegen den inneren Feind fortsetzten, der nicht weniger furchterregend ist als die Achsenmächte und in gewisser Weise noch gefährlicher, weil er geheime Methoden anwendet und sowohl von innen als auch von außen wirken kann.

Zu diesem Zweck verbreiteten ich und andere Einzelpersonen gelegentlich Flugblätter von mir mit den Titeln "Do You

Know?" und "Have You Noticed?", meine Verse, die mit "Land of dope and Jewry" beginnen, und einige antijüdische Aufkleber. Damit sollte die Öffentlichkeit ausreichend aufgeklärt werden, um die Atmosphäre aufrechtzuerhalten, in der der "falsche" Krieg, wie er genannt wurde, in einen ehrenhaften Verhandlungsfrieden umgewandelt werden konnte.

Sie war gewiss nicht defätistisch, wie die jüdische Propaganda es darzustellen versuchte. Es waren nicht wir vom Rechten Klub, die sich in diesem Krieg vor den kämpfenden Diensten zurückhielten, genauso wenig wie in jenem letzten; ganz im Gegenteil.

Ich war entschlossen, weitere Anstrengungen zu unternehmen, um Mr. Chamberlain und vielleicht sogar das Komitee von 1922 von der Wahrheit meines Falles zu überzeugen und so den totalen Krieg abzuwenden, und begann, die bereits in meinem Besitz befindlichen Beweise zu verstärken.

Im **Januar 1940** verfügte ich über die Daten von fast dreißig subversiven Gesellschaften, die auf verschiedenen revolutionären und zersetzenden Gebieten tätig waren, und hatte eine sehr große Karte erstellt, auf der die wichtigsten Mitglieder jeder Gesellschaft verzeichnet waren. Sechs Namen stachen deutlich hervor, als eine Art ineinander greifendes Direktorium. Es waren Prof. H. Laski, Herr Israel Moses Sieff, Prof. Herman Levy, Herr Victor Gollancz, Herr D. N. Pritt, M. P., und Herr G. R. Strauss, M. P..

Im Februar 1940, bei meiner Ankunft in London, wurde mir die Literatur einer neuen Gruppe ausgehändigt, die für die FEDERAL UNION eintrat. Die Liste der Namen der Unterstützer war verblüffend. Sie hätte von der Tabelle, die ich gerade fertiggestellt hatte, abgeschrieben sein können. Die Quelle dieses Plans konnte nicht verwechselt werden. Später, als diese Gruppe aktiv wurde, notierte ich die folgenden Fragen:

Kapitän Ramsay fragte den Premierminister, ob er dem Haus versichern könne, daß die Schaffung einer föderalen Union der europäischen Staaten nicht zu den Kriegszielen seiner Regierung gehöre.

Herr Butler (am 9. Mai) gab eine unverbindliche Antwort. Daraufhin habe ich die folgende Zusatzfrage gestellt:

Kapitän Ramsey: Ist sich mein Kollege darüber im Klaren, dass dieser Plan, wenn er angenommen wird, in fast ganz Europa Feindseligkeit gegen uns hervorrufen wird, da sie ihn als die Errichtung eines jüdisch-freimaurerischen Superstaates betrachten?[16]

Mr. Butler: Ich würde die Interpretation dieses Plans durch meinen Freund lieber ihm überlassen.

Eine heftige Pressekampagne war nun in vollem Gange, um "antisemitische" Ansichten und Aktivitäten zu unterdrücken, indem man erklärte, dass "Antisemitismus" pro-nazistisch sei. Da ich befürchtete, dass der Innenminister weniger in diese Richtung tendieren könnte, die eine falsche Richtung war, fragte ich ihn am 9. Mai 1940 :

Captain Ramsay: Wird er zusichern, dass sowohl bei der Anwendung der derzeitigen als auch bei der Ausarbeitung neuer Verordnungen darauf geachtet wird, dass zwischen Antisemitismus und Pro-Nazismus unterschieden wird?

Sir J. Anderson: Ich hoffe, daß alle restriktiven Maßnahmen, die auf die organisierte Propaganda angewandt werden, in der Praxis auf solche Propaganda beschränkt werden können, die

---

[16] *Die Protokolle der Weisen von Zion* machen deutlich, dass das Weltjudentum und die orientalische Freimaurerei ein solches Regime errichten werden, nachdem die nichtjüdischen Staaten durch Kriege und Revolutionen zu Holzfällern und Wasserschöpfern degradiert worden sind.

darauf abzielt, die Kriegsanstrengungen zu behindern; und unter diesem Gesichtspunkt kann ich die Unterscheidung, die mein. Hon. and Gallant Friend zu ziehen versucht.

Kapitän Ramsay: Ich bitte meinen Freund um seine Antwort, da er in diesem Punkt etwas verwirrt zu sein scheint. Wird er dem Haus versichern, dass er sich nicht von einer Rampe in unserer von Juden beherrschten Presse dazu drängen lässt, die beiden Dinge zu identifizieren?

Sir J. Anderson: Es steht nicht zur Debatte, dass ich zu irgendetwas gedrängt werde.

Es war in den letzten Wochen der Premierministerschaft von Herrn Chamberlain, als ich die Möglichkeit hatte, in der Wohnung von Herrn Kent einige Papiere der amerikanischen Botschaft einzusehen. Dies war die Lage, und dies waren die Überlegungen, die mich dazu veranlassten, sie einzusehen.

1. Zusammen mit vielen Mitgliedern beider Häuser des Parlaments war ich mir darüber im Klaren, dass unter den Agenturen im In- und Ausland, die aktiv an der Förderung schlechter Gefühle zwischen Großbritannien und Deutschland beteiligt waren, das organisierte Judentum aus offensichtlichen Gründen eine führende Rolle gespielt hatte.
2. Ich wusste, dass die USA das Hauptquartier des Judentums und damit das eigentliche, wenn auch nicht offensichtliche Zentrum ihrer Aktivitäten sind.
3. Ich war mir bewusst, dass die Föderale Union in internationalen Angelegenheiten die Ergänzung des Plans der Politischen und Wirtschaftlichen Planung (P.E.P.) ist. Der Vorsitzende der P.E.P. ist Herr Israel Moses Sieff, der auch stellvertretender Vorsitzender der Zionistischen Föderation und Großkomtur des Makkabäerordens ist, und der darauf abzielt, den Bolschewismus im Bereich der Industrie und des Handels heimlich herbeizuführen, und dass er als

Superstaat betrachtet werden muss, der eines der Hauptziele des internationalen Judentums ist.

4. Ich erkannte, dass die Pläne zur Errichtung des marxistischen Sozialismus unter jüdischer Kontrolle in diesem Land weit fortgeschritten waren. An ihren Absichten konnte es keinen Zweifel geben.

5. Ich wusste, dass die Technik des internationalen Judentums immer darin besteht, an kritischen Punkten den Sturz jedes nationalen Führers zu planen, der sich ernsthaft einem wesentlichen Teil ihrer Pläne widersetzt, wie es zum Beispiel Mr. Chamberlain getan hatte, indem er an seiner Politik der Befriedung festhielt, und dass in diesem Fall Mr. Chamberlains Sturz den totalen Krieg auslösen würde. Ich erinnerte mich daran, dass Lloyd George im Unterhaus gesagt hatte, dass wir in eine Falle laufen würden, wenn wir uns auf einen Krieg um Polen ohne die Hilfe Russlands einlassen würden. Wir sind in diese Falle getappt.

Weitere Informationen über den Ursprung, den Plan und das letztendliche Ziel der Aktion hätten Herrn Chamberlain gestärkt und es ihm ermöglicht, geeignete Gegenmaßnahmen zu ergreifen. Als Mitglied des Parlaments, das immer noch loyal zu Herrn Chamberlain stand, hielt ich es für meine Pflicht, Nachforschungen anzustellen.

Etwa am 9. oder 10. Mai fuhr ich nach Schottland, um mich zwei Wochen lang zu erholen, nachdem ich nur einen Teil der Dokumente gesehen hatte, und beabsichtigte, meine Nachforschungen nach meiner Rückkehr fortzusetzen. Bevor ich sie jedoch abschließen konnte, war Mr. Chamberlain aus dem Amt geschieden, und ich wurde einige Tage später auf den Stufen meines Hauses verhaftet, als ich am 23. Mai 1940 nach London zurückkehrte.

Ich füge die Angaben, die als Gründe für meine Inhaftierung angeführt werden, und meine Bemerkungen dazu bei.

Brixton-Gefängnis, 23. August , 1943

(Gezeichnet) ARCHIBALD RAMSAY.

ANGABEN, DIE ALS GRÜNDE FÜR MEINE INHAFTIERUNG

Es folgt eine Kopie der Angaben, die angeblich die Gründe für meine Inhaftierung in den letzten drei Jahren waren.

Es wird sich zeigen, dass sie alle darauf beruhen, dass meine Opposition gegen den Kommunismus, den Bolschewismus und das Weltjudentum nur eine Täuschung war; eine illoyale List, die dazu diente, antibritische Aktivitäten im Zusammenhang mit dem Krieg zu verschleiern.

Jeder, der mit den Vorgängen im Unterhaus vertraut ist, wird mehr oder weniger mit den antibolschewistischen Aktivitäten vertraut sein, die ich während meiner gesamten Zeit im Unterhaus seit 1931 offen und konsequent verfolgt habe und die 1938 antijüdisch wurden, als ich erkannte, dass der Bolschewismus jüdisch und ein wesentlicher Bestandteil ihres Weltplans war.

Der Verfasser dieser "Particulars" lässt die gesamte Bilanz dieser acht Jahre beiseite und fährt fort, neue und unlautere Absichten zu erfinden und zu wiederholen, für die er nicht den geringsten Beweis anführt.

**Beratender Ausschuss des Innenministeriums
(Verteidigungsvorschrift 18B) London, W.1.
Telefon: Regent 4784 Ref.:... R4...
24 Juni, 1940**

BEGRÜNDUNG DES BESCHLUSSES NACH VERTEIDIGUNGSVORSCHRIFT 18B IN DER SACHE VON KAPITÄN ARCHIBALD MAULE RAMSAY, M.P.

Die Anordnung gemäß Verteidigungsvorschrift 18B wurde gegen Kapitän Archibald Maule Ramsay, M.P., erlassen, weil der Staatssekretär begründeten Anlass zu der Annahme hatte, dass besagter Kapitän Archibald Maule RAMSAY, M.P., in jüngster Zeit an Handlungen beteiligt war, die der öffentlichen Sicherheit oder der Verteidigung des Königreichs schaden, oder an der Vorbereitung oder Anstiftung zu solchen Handlungen, und dass es deshalb notwendig war, eine Kontrolle über ihn auszuüben.[17]

PARTICULARS

Der genannte Kapitän Archibald Maule RAMSAY, M.P.

Insbesondere (i): Im oder um den Monat Mai 1939 wurde eine Organisation mit dem Namen "Right Club" gegründet, die ihre Aktivitäten angeblich gegen Juden, Freimaurer und Kommunisten richtete. Diese Organisation war in

---

[17] Beachten Sie, dass EINE Person "begründeten Anlass zu der Annahme" hatte, und aufgrund dieser Klausel wurde Captain Ramsay für zweieinhalb Jahre inhaftiert. Genau dieser Wortlaut ist heute im Strafgesetzbuch der USA kodifiziert. Wer, glauben Sie, "schreibt die Gesetzesvorschläge", die der US-Kongress absegnet? Und bedenken Sie, dass der U.S.A. Patriot Act sowie das 'neue' Ministerium für Heimatschutz auf den WTC-Völkermord vom 11. September 2001 (heute bekannt als 911) lauerten, der von denselben Kreaturen geplant und von - wer weiß wem? Ihre "Lakaien" und "Lakaien" und diejenigen, die zu einer Hölle verdammt sind, die sie selbst geschaffen haben.

Wirklichkeit darauf ausgerichtet, heimlich subversive und defätistische Ansichten unter der Zivilbevölkerung Großbritanniens zu verbreiten, die Kriegsanstrengungen Großbritanniens zu behindern und so die öffentliche Sicherheit und die Verteidigung des Reiches zu gefährden.

Antwort

Die Gründung des Right Club war, wie das beigefügte Memorandum zeigt, das logische Ergebnis einer langjährigen Arbeit gegen den Bolschewismus, die sowohl innerhalb als auch außerhalb des Unterhauses geleistet wurde und allen meinen politischen Kollegen seit 1931 bekannt war.

Das Hauptziel des Rechten Clubs war es, die Aktivitäten des organisierten Judentums zu bekämpfen und aufzudecken, im Lichte der Beweise, die 1938 in meinen Besitz gelangten und von denen einige im Memorandum aufgeführt sind.

Unser erstes Ziel war es, die Konservative Partei von jüdischem Einfluss zu befreien, und der Charakter unserer Mitgliedschaft und unserer Treffen entsprach streng diesem Ziel. Es gab keine anderen und geheimen Ziele.

Unsere Hoffnung war es, den Krieg abzuwenden, den wir hauptsächlich als das Werk jüdischer Intrigen mit dem Zentrum in New York ansahen. Später hofften ich und viele andere, den "falschen" Krieg nicht in einen totalen Krieg, sondern in einen ehrenvollen Verhandlungsfrieden zu verwandeln.

Es ist schwierig, sich eine Gruppe von Personen vorzustellen, die weniger in der Lage ist, "subversiv" zu sein, als es dieses Partikular suggeriert, und in Verbindung mit dem Vorwurf, "defätistisch" zu sein, rückt dieses Partikular in den Bereich des Lächerlichen.

Insbesondere (ii): Um die wahren Ziele der Organisation zu fördern, erlaubte besagter RAMSAY, dass die Namen der Mitglieder der Organisation nur ihm selbst bekannt waren, und er ergriff große Vorsichtsmaßnahmen, um sicherzustellen, dass das Mitgliederverzeichnis seinen Besitz oder seine Kontrolle nicht verließ; und er erklärte, dass er Schritte unternommen hatte, um die Polizei und die Nachrichtendienstabteilung des Kriegsministeriums über die wahren Aktivitäten der Organisation irrezuführen. Diese Schritte wurden unternommen, um zu verhindern, dass die wahren Ziele der Organisation bekannt werden.

Antwort

Da die wirklichen Ziele des Right Club die erklärten Ziele sind und es keine anderen Ziele gibt, ist der letzte Teil dieses Artikels eine reine Erfindung.

Es gab nur einen Punkt, in dem sich unsere Ziele von denen der Polizei und der M.I. unterschieden, nämlich die Judenfrage.

Weder Polizei noch M.I. erkannten die jüdische Bedrohung. Beide verfügten über keinerlei Mechanismen, um damit umzugehen oder Informationen von jüdischen Mitgliedern ihres Personals zurückzuhalten.

Wären Namen von Clubmitgliedern einer dieser Abteilungen zur Verfügung gestellt worden, hätten die jüdischen Mitglieder des Clubs sie aufgegriffen und an genau die Stellen weitergegeben, von denen viele Mitglieder wünschten, dass sie zurückgehalten würden.

Insbesondere (iii): Bekundete häufig seine Sympathie mit der Politik und den Zielen der deutschen Regierung und äußerte gelegentlich den Wunsch, mit der deutschen Regierung bei der Eroberung und anschließenden Regierung Großbritanniens zusammenzuarbeiten.

Antwort

Die letzte Hälfte dieses Artikels ist eine so absurde Erfindung, dass ich sie mit der gebührenden Verachtung behandeln werde.

Lord Marley schmückte diese Fiktion einige Tage nach meiner Verhaftung im Oberhaus aus, indem er mir unterstellte, ich hätte mich verpflichtet, Gauleiter von Schottland unter einer deutschen Besetzung Großbritanniens zu werden.

Meine Anwälte haben ihn sofort aufgefordert, seine Äußerungen draußen zu wiederholen. Das hat er natürlich nicht getan, denn es gibt nicht die geringste Rechtfertigung für diese besondere Bemerkung oder seine Verleumdungen.

Der Begriff "Sympathie mit der Politik und den Zielen der deutschen Regierung" ist irreführend bis an den Rand der Unredlichkeit. Er suggeriert ein allgemeines Einverständnis oder Verständnis.

Es gab nichts dergleichen.

Ich war noch nie in Deutschland und kannte außer einem offiziellen Mittagessen in der Botschaft keine Deutschen. Das wenige, was ich über das System der Nazis gelernt hatte, gefiel mir nicht.

Ich habe die Idee, dass sich in Großbritannien Bewegungen bilden könnten, die in etwa die gleichen Ziele verfolgen, nie gutgeheißen. Im Gegenteil, ich lehnte sie ab. Ich war der Ansicht, dass die Unionist Party, sobald sie aufgeklärt ist, am besten geeignet ist, die notwendigen Gegenmaßnahmen gegen den jüdischen Plan zu ergreifen, und dass sie, um dies erfolgreich zu tun, nicht einmal über die in unserer Verfassung verborgenen Befugnisse hinausgehen muss.

Im Großen und Ganzen stimmten meine Ansichten über die

deutschen Bestrebungen genau mit denen überein, die Lord Lothian in seiner Rede in Chatham House am 29. Juni 1937 zum Ausdruck brachte, als er sagte:

> "Wenn nun das Prinzip der Selbstbestimmung für Deutschland so angewandt würde, wie es gegen Deutschland angewandt wurde, würde dies den Wiedereintritt Österreichs in Deutschland, die Vereinigung der Sudetendeutschen, Danzigs und möglicherweise Memels mit Deutschland und gewisse Anpassungen mit Polen in Schlesien und im Korridor bedeuten."

Der einzige Aspekt der nationalsozialistischen Politik, der sich in besonderer Weise mit meinen Ansichten berührte, war der Widerstand gegen die störenden Aktivitäten des organisierten Judentums. Kein Patriot - ob Brite, Franzose, Deutscher oder irgendeiner anderen Nationalität - ist berechtigt, die Verteidigung seines Landes diesem Angriff zu überlassen, sobald er dessen Realität erkannt hat.

Die Sympathie in diesem einen und loyalen Punkt mit der Sympathie für die gesamte Politik und die Ziele der Nazis zu verwechseln, ist unredlich; diesen Trugschluss zu dem Vorwurf auszubauen, dieses System unserem eigenen vorzuziehen und bereit zu sein, dieses System (das ich missbilligte) meinem eigenen Land aufzuzwingen, ist das letzte Wort der Niedertracht.

Insbesondere (iv): Hat sich nach der Gründung der Organisation darum bemüht, im Namen der Organisation Mitglieder der Organisation in das Auswärtige Amt, die Zensur, die Nachrichtendienstabteilung des Kriegsministeriums und in Regierungsabteilungen einzuführen, um die eigentlichen Ziele der Organisation, wie unter (i) dargelegt, zu fördern.

Antwort

Auch hier wird der völlig ungerechtfertigte Vorwurf einer

geheimen und illoyalen Absicht konstruiert, der bereits unter Ziffer i) und in meinem Memorandum behandelt wurde.

Zur Frage der Mitglieder des rechten Clubs und der Regierungsstellen möchte ich Folgendes sagen:

Da der Club das Ziel verfolgte, die Wahrheit über die jüdische Gefahr so schnell wie möglich zu verbreiten, war die Zeit immer ein entscheidender Faktor. Von Anfang an befanden wir uns in einem Wettlauf mit den jüdischen Propagandisten.

Es war offensichtlich die schnellste Methode, ihnen in möglichst vielen verschiedenen Bereichen entgegenzutreten. Zehn Mitglieder in zehn verschiedenen Bereichen würden unsere Informationen schneller und weiter verbreiten als zehn Mitglieder, die alle im selben Büro oder Club sitzen.

Jede Fraktion muss sich an diesen Vorgaben orientieren; diese Methode ist die gängige Praxis aller politischen Parteien.

Ich habe mich zu keinem Zeitpunkt darum bemüht, einem Mitglied eine Stelle in einem Regierungsamt zu verschaffen.

Wenn ein Mitglied die Wahl zwischen zwei Jobs hätte und es ihm egal wäre, welchen er oder sie nähme, und mich danach fragte, hätte ich ganz klar geantwortet, dass aus Sicht des Clubs der Bereich, in dem wir kein Mitglied haben, das das Evangelium verkündet, derjenige sei, den man wählen müsse.

Dass das Wissen an solche Stellen wie das Auswärtige Amt, das Kriegsministerium usw. gelangte, bedeutete natürlich, dass die einflussreichen Personen am schnellsten aufgeklärt wurden.

Besonders (v): Nach Ausbruch des Krieges verkehrte er mit Personen, von denen er wusste, dass sie gegen die Interessen Großbritanniens aktiv waren, und bediente sich ihrer. Zu diesen Personen gehörten Anna Wolkoff und Tyler Kent, ein bei der Botschaft der Vereinigten Staaten von Amerika beschäftigter Kodierbeamter. In Kenntnis der Aktivitäten, an denen Wolkoff und Kent beteiligt waren, verkehrte er weiterhin mit ihnen und nutzte ihre Aktivitäten für den "Right Club" und für sich selbst. Insbesondere besuchte er in Kenntnis der Tatsache, dass Kent wichtige Dokumente, die der Botschaft der Vereinigten Staaten von Amerika gehörten, entwendet hatte, Kents Wohnung in 47, Gloucester Place, wo viele der besagten Dokumente aufbewahrt wurden, und sah sie für seine Zwecke ein. Außerdem hinterlegte er bei Kent das geheime Mitgliederverzeichnis des "Right Club", dem Kent als wichtiges Mitglied angehörte, um zu versuchen, das Wesen der Organisation geheim zu halten.

Antwort

Ich habe mich zu keinem Zeitpunkt meines Lebens mit Personen zusammengetan, von denen ich wusste, dass sie sich gegen die Interessen Großbritanniens stellen. Im Gegenteil, mein ganzer Lebenslauf beweist, dass ich mehr Zeit und Mühe als die meisten Menschen darauf verwandt habe, genau solche Personen zu bekämpfen.

Ich wusste nicht und weiß auch jetzt nicht, dass Herr Kent oder Frau Wolkoff an Aktivitäten beteiligt waren, die darauf abzielten oder geeignet waren, den Interessen Großbritanniens zu schaden.

Aus meiner eigenen Bekanntschaft mit beiden und aus Gesprächen, die ich in dieser Zeit geführt habe, weiß ich, dass sie beide die Aktivitäten des organisierten Judentums als eine der schlimmsten Kräfte in der Politik im Allgemeinen und als eine der gefährlichsten für die Interessen Großbritanniens im Besonderen erkannt haben.

Alle ihre Aktionen werden darauf ausgerichtet sein, diesen Mächten und ihren Plänen entgegenzuwirken, und ganz sicher nicht auf etwas, das den Interessen Großbritanniens schaden könnte.

Was mich selbst betrifft, so möchte ich angesichts verschiedener verlogener Behauptungen, die mir in der Zwischenzeit zu Ohren gekommen sind, mit Nachdruck hinzufügen, dass ich niemals in Erwägung gezogen habe, Informationen an feindliche Kreise weiterzugeben, und dies natürlich auch nicht könnte.

Da ich begründeten Anlass zu der Annahme hatte, dass die Intrigen der Jüdischen Internationale, die den totalen Krieg herbeiführen sollten, von New York ausgingen, und da ich wusste, dass Aktivitäten im Gange waren, um die Befriedungspolitik von Herrn Chamberlain zu sabotieren und seinen Sturz herbeizuführen, war es meine offensichtliche Pflicht als Mitglied des Parlaments und als jemand, der Herrn Chamberlain noch immer die Treue hielt, jede mir mögliche Untersuchung durchzuführen.

Ich habe das Rote Buch mit den Namen der Mitglieder des Rechten Clubs für die Zeit meiner Abwesenheit von London in der Wohnung von Herrn Kent deponiert, nachdem ich von mehreren Personen gehört hatte, deren Papiere (die sich mit der gleichen Art von Themen wie meine befassen) von Unbekannten in ihrer Abwesenheit durchwühlt worden waren.

Wie ich bereits erwähnt habe, hatte ich einigen der Personen, deren Namen dort eingetragen waren, ausdrücklich ihre Privatsphäre zugesichert. Wären ihre Namen auch nur in die Hände der britischen Geheimpolizei gelangt, die von Juden verkörpert wird, so wäre ihre Haltung gegenüber der jüdischen Bedrohung sofort in den Vierteln bekannt geworden, vor denen sie sich besonders zu verbergen suchten, nämlich in den jüdischen Vierteln.

Politische Einbrüche sind in diesem Land nichts Neues, wenn man im Verdacht steht, Informationen über die Aktivitäten des organisierten Judentums zu besitzen.

Lord Craigmyle, als Lord of Appeal, ließ sein ganzes Haus durchwühlen, jede Schublade aufbrechen und alle Papiere durchsuchen, ohne dass etwas gestohlen wurde, und das zu einer Zeit, als die Vermutung nahe lag, dass seine Papiere solche Dinge enthielten.

Der Oberleutnant der Polizei in Edinburgh erklärte damals, es handele sich um einen "politischen Einbruch"; die Täter wurden nie ausfindig gemacht. (Siehe den Brief von Lord Craigmyle vom 6. Juli 1920 mit dem Titel "Edinburgh und die Freiheit", veröffentlicht in *Briefe an Israel*).

Insbesondere (vi): Erlaubte und bevollmächtigte seine Frau, in seinem Namen mit Personen zu verkehren, von denen er wusste, dass sie sich aktiv gegen die Interessen Großbritanniens einsetzten, und diese in Anspruch zu nehmen. Zu diesen Personen gehörten Anna Wolkoff, Tyler Kent und Mrs. Christabel Nicholson.

Antwort

An dieser Aussage ist nichts Wahres dran, und ich werde sie mit der gebührenden Verachtung behandeln.

Es erübrigt sich zu erwähnen, dass der Beratende Ausschuss des Innenministeriums keine Beweise für die Verleumdungen in den oben genannten Angaben vorlegen konnte.

SCHLUSSFOLGERUNG

Ich gebe diese Erklärung und die Kommentare zu den Einzelheiten nicht um meiner selbst willen ab, sondern um das Land aufzuklären.

Wenn die Dinge ein Stadium erreichen, in dem ein Lord of Appeal, dessen Papiere im Verdacht stehen, mit dem Plan des organisierten Judentums in Verbindung zu stehen, "politisch eingebrochen" werden kann;

Wenn ein Weißbuch, das wichtige Passagen über den jüdischen Weltbolschewismus enthält, sofort zurückgezogen und unter Auslassung der wichtigen Passagen neu gedruckt werden kann;

Wenn ein führender britischer Industrieller vom organisierten Judentum erpresst und durch Boykott, Streiks, Sabotageakte und Brandstiftung zur Unterwerfung gezwungen werden kann;

Wenn ein Abgeordneter, der es wagt, das Land vor dieser Bedrohung durch das organisierte Judentum und seine Helfershelfer (die einzige Fünfte Kolonne, die es in diesem Land wirklich gibt) zu warnen, daraufhin wegen falscher Anschuldigungen für drei Jahre inhaftiert wird;

Wenn so etwas in Großbritannien passieren kann, dann muss doch irgendwo etwas nicht in Ordnung sein.

In einer Zeit, in der Großbritannien und das Empire in einen Kampf auf Leben und Tod verwickelt sind, kann es sicherlich keinen Platz für die von mir angesprochenen üblen Lehren und Aktivitäten geben.

Während unsere Matrosen, Soldaten und Flieger Siege über die äußeren Feinde erringen, ist es doch die Pflicht eines jeden Patrioten, diesen inneren Feind zu Hause zu bekämpfen.

Der Premierminister erklärte in seiner Rede im Mansion House, dass er nicht Erster Minister des Königs geworden sei, um die Auflösung des britischen Empire zu leiten.

Es gibt mehr als einen Weg, um die Liquidierung des Britischen Empire heute zu erreichen; und das Nationale Leder, das entschlossen ist, ihnen allen entgegenzuwirken, wird nicht nur die größtmögliche Unterstützung aller Patrioten benötigen, sondern ich glaube, es wird sich herausstellen, dass seine größten Schwierigkeiten gerade von jenen Kräften ausgehen werden, die ich und andere Mitglieder des Rechten Clubs die ganze Zeit über zu bekämpfen und zu entlarven versucht haben.

DIE STATUTEN DES JUDENTUMS

Les Estatutz de la Jeuerie 1275 [A.D.]
Aus: Die Statuten des Königreichs.
Bd. 1, Seite 221.

DIE STATUTEN DES JUDENTUMS[18]

Wucher für die Juden verboten

Da der König gesehen hat, dass durch die Wucherungen, die die Juden in der Vergangenheit begangen haben, verschiedene Übel und die Enterbung guter Männer seines Landes geschehen sind und dass daraus verschiedene Sünden folgten, obwohl er und seine Vorfahren in allen vergangenen Zeiten viel Nutzen vom jüdischen Volk erhalten haben, hat der König dennoch zur Ehre Gottes und zum allgemeinen Nutzen des Volkes verfügt und festgelegt, dass von nun an kein Jude mehr etwas mit Wucher beleihen darf, weder auf Land noch auf Miete oder auf andere Dinge.

Und dass keine Wucherungen in der Zeit ab dem Fest des heiligen Eduard in der Vergangenheit laufen sollen. Ungeachtet dessen sollen die zuvor getroffenen Abmachungen eingehalten werden, außer dass die Wucherungen aufhören.

---

[18] Dem Parlament, das dieses Statut verabschiedete, gehörten auch Vertreter der Bürgerschaft an, und dies war wahrscheinlich das erste Statut, an dessen Erlass die Bürgerschaft beteiligt war. Es ist bezeichnend, dass der erste Beweis für die Gefühle und Wünsche der Bürgerschaft in einer solchen Form wie in diesen Judenstatuten zum Ausdruck kam, angesichts der Tatsache, dass die Könige, wie aus der Schrift klar hervorgeht, jüdischen Aktivitäten viel zu verdanken hatten, da sie regelmäßig Gelder von den Juden einforderten und ihnen im Gegenzug erlaubten, sich am Volk zu bereichern.

Aber alle, die den Juden mit dem Pfand von beweglichen Gütern etwas schulden, sollen sie zwischen diesem und Ostern freisprechen; wenn nicht, sollen sie verwirkt werden. Und wenn ein Jude entgegen dieser Verordnung Wucher leiht, wird der König weder durch sich selbst noch durch seine Beamten bei der Wiedererlangung des Darlehens behilflich sein, sondern ihn nach seinem Ermessen für das Vergehen bestrafen und dem Christen Gerechtigkeit widerfahren lassen, damit er seine Pfänder wiedererhält.

Bedrängnis für Juden

Und dass die Pfändung für Schulden, die den Juden geschuldet werden, von nun an nicht so schwer sein soll, als dass der Anteil an Land und Hab und Gut der Christen zu ihrem Unterhalt verbleibt; und dass keine Pfändung für eine jüdische Schuld auf den Erben des Schuldners, der in der jüdischen Urkunde genannt ist, noch auf irgendeine andere Person, die das Land besitzt, das dem Schuldner gehörte, gemacht werden soll, bevor die Schuld vor Gericht eingeklagt und zugelassen wird.

Bewertung von Grundstücken, die für die Schulden eines Juden genommen wurden

Und wenn der Sheriff oder ein anderer Gerichtsvollzieher auf Befehl des Königs einem Juden, sei es einer oder mehrere, Saisin (Besitz) für ihre Schulden geben soll, so sollen die Güter durch die Eide guter Männer geschätzt und dem oder den Juden oder ihrem Bevollmächtigten in der Höhe der Schuld übergeben werden; und wenn die Güter nicht ausreichen, sollen die Ländereien durch denselben Eid vor der Aushändigung des Saisins an den oder die Juden erweitert werden, und zwar jedem in seinem Anteil, so dass man sicher weiß, dass die Schuld getilgt ist, und der Christ sein Land wieder haben kann; wobei dem Christen immer der Anteil seines Landes und seiner Güter für den Unterhalt, wie oben erwähnt, und das Haupthaus zugesprochen wird.

Garantie für Juden:

Und wenn irgendeine bewegliche Sache im Besitz eines Juden gefunden wird und jemand ihn verklagt, so soll dem Juden seine Garantie gewährt werden, wenn er sie haben kann; und wenn nicht, so soll er sich verantworten, damit er darin nicht anders privilegiert ist als ein Christ.

Wohnsitz der Juden

Und dass alle Juden in den Städten und Bezirken des Königs wohnen sollen, wo die Truhen mit den Chirographien der Juden zu sein pflegen.

Ihr Abzeichen

Und dass jeder Jude, nachdem er sieben Jahre alt geworden ist, ein Abzeichen an seinem Obergewand tragen soll, und zwar in Form von zwei Tafeln, die aus gelbem Filz zusammengefügt sind, mit einer Länge von sechs Zoll und einer Breite von drei Zoll.

Ihre Steuer

Und dass jeder, nachdem er zwölf Jahre alt ist, jährlich zu Ostern drei Pence an Steuern an den König zahlt, dessen Leibeigener er ist; und das soll für eine Frau genauso gelten wie für einen Mann.

Übereignung von Grundstücken usw. durch Juden

Und dass kein Jude die Macht haben soll, einen anderen, ob Jude oder Christ, mit Häusern, Mieten oder Pachten, die er jetzt hat, zu belehnen (in Besitz zu nehmen), noch auf irgendeine andere Weise zu entfremden, noch irgendeinen Christen von seiner Schuld freizustellen, ohne die besondere Erlaubnis des Königs, bis der König es anders angeordnet hat.

Privilegien der Juden

Und da es der Wille und die Duldung der heiligen Kirche ist, dass sie leben und bewahrt werden, nimmt der König sie unter seinen Schutz und gewährt ihnen seinen Frieden; und will, dass sie von seinen Sheriffs und anderen Amtmännern und seinen Lehnsleuten sicher bewahrt und verteidigt werden, und befiehlt, dass niemand ihnen Schaden oder Unrecht zufügen soll an ihrem Leib oder an ihren Gütern, beweglich oder unbeweglich, und dass sie vor keinem Gericht plädieren noch vor irgendeinem Gericht angefochten oder behelligt werden sollen außer vor dem Gericht des Königs, dessen Leibeigene sie sind; und dass niemand Gehorsam, Dienst oder Pacht schuldet, außer dem König oder seinen Vögten in seinem Namen, es sei denn für ihre Wohnung, die sie jetzt durch Zahlung von Pacht innehaben, mit Ausnahme des Rechts der Heiligen Kirche.

Verkehr zwischen Juden und Christen

Und der König gewährt ihnen, dass sie ihren Lebensunterhalt durch rechtmäßige Waren und ihre Arbeit verdienen können und dass sie mit den Christen Verkehr haben können, um rechtmäßigen Handel durch Verkauf und Kauf zu betreiben. Aber kein Christ soll aus diesem oder einem anderen Grund unter ihnen wohnen. Und der König will, dass sie wegen ihrer Waren nicht mit den Männern der Städte und Bezirke, in denen sie sich aufhalten, in einen Topf geworfen werden; denn sie sind dem König als seine Leibeigenen und keinem anderen als dem König verpflichtet.

Wohnhäuser und Bauernhöfe, usw.

Außerdem gewährt ihnen der König, dass sie Häuser und Burgen in den Städten und Bezirken, in denen sie sich aufhalten, kaufen können, so dass sie sie in der Hand des Königs haben, wobei sie den Herren der Gebühr ihre fälligen und gewohnten Dienste ersparen. Und dass sie Bauernhöfe oder Land für die Dauer von zehn Jahren oder weniger nehmen und kaufen können, ohne Huldigungen oder Lehen oder solche Art von Gehorsam von Christen zu nehmen und ohne Kirchenschöffen zu haben, und dass sie in der Lage sind, ihren Lebensunterhalt in der Welt zu verdienen, wenn sie nicht die Mittel zum Handel haben oder nicht arbeiten können; und diese Erlaubnis, Land zu nehmen, um es zu bewirtschaften, soll für sie für fünfzehn Jahre von dieser Zeit an bestehen.

DIE JUDEN IN BRITANNIEN

1215 - Magna Carta

1255 - Ritualmord an St. Hugh von Lincoln. Heinrich III. ordnete persönlich einen Prozess an und 18 Schuldige wurden hingerichtet - alles Juden.

1275 - Das Judenstatut wird verabschiedet; es beschränkt die Juden auf bestimmte Gebiete, verbietet ihnen den Wucher, den Besitz von Grund und Boden sowie den Kontakt mit der Bevölkerung und zwingt sie, ein gelbes Abzeichen zu tragen.

1290 - Edward I. verbannt die Juden aus England.

1657 - Oliver Cromwell, der von Manasseh Ben Israel und Moses Carvajal finanziert wurde, erlaubt den Juden die Rückkehr nach England, obwohl der Verbannungsbefehl vom Parlament nie aufgehoben wurde.[19]

1689 - Amsterdamer Juden finanzieren die Rebellion gegen König James II. Der wichtigste von ihnen - Solomon Medina - folgt Wilhelm von Oranien nach England.

1694 - Gründung der "Bank of England" und Einführung der

---

[19] Und es ist behauptet worden, dass die Juden England nie wirklich verlassen haben, sondern lediglich bis zur Ermordung des Königs "untergetaucht" sind. Das ist sicherlich plausibler als die Annahme, dass alle Juden das Land verlassen haben. Vor allem, wenn man bedenkt, dass Cromwell eine Schachfigur für die Juden war und NICHT der Mann des Königs.

Staatsverschuldung, die den jüdischen Geldverleihern eine Erstbelastung der Steuern Englands für die Zinsen ihrer Kredite sichert. Das Recht, Geld zu drucken, wird von der Krone auf diese "Bank von England" übertragen.

1707 - Die wirtschaftliche und politische Union wird Schottland gegen das Votum aller Länder und Gemeinden aufgezwungen; die Staatsverschuldung wird Schottland aufgezwungen, und die königliche Münzstätte in Edinburgh wird abgeschafft.

BERÜHMTE MÄNNER ÜBER DIE JUDEN

Seneca 4 v.Chr. bis 5 n.Chr.

"Die Bräuche dieses verfluchten Volkes sind so stark geworden, dass sie sich in allen Ländern verbreitet haben."

Der heilige Justin 116 n. Chr.

"Die Juden steckten hinter allen Christenverfolgungen. Sie zogen überall im Land umher und hassten und untergruben den christlichen Glauben."

Mohammed 570.

"Es ist mir unbegreiflich, warum man diese todessüchtigen Bestien nicht längst vertrieben hat... sind diese Juden etwas anderes als Menschenfresser?"

Martin Luther 1483.

"Wie sehr lieben die Juden das Buch Esther, das so gut zu ihrer blutrünstigen, rachsüchtigen, mörderischen Begierde und Hoffnung passt. Nie hat die Sonne auf ein so blutdürstiges und rachsüchtiges Volk geschienen, das den Gedanken hegt, die Heiden zu ermorden und zu erwürgen. Kein anderer Mensch unter der Sonne ist gieriger als sie gewesen und wird es immer sein, wie man an ihrem verfluchten Wucher sieht. Sie trösten sich damit, dass, wenn ihr Messias kommt, er alles Gold und Silber der Welt einsammeln und unter ihnen aufteilen wird."

Clemens VIII. Papst 1592.

"Die ganze Welt leidet unter dem Wucher der Juden, ihren Monopolen und ihrem Betrug. Sie haben viele unglückliche Völker in den Zustand der Armut gebracht, besonders die Bauern, die Arbeiter und die Ärmsten."

Voltaire 1694.

"Die Juden sind nichts als ein ungebildetes und barbarisches Volk, das seit langem den abscheulichsten Geiz mit dem abscheulichsten Aberglauben und dem unauslöschlichen Hass aller Völker verbindet, von denen es geduldet wird und durch die es sich bereichert."

Napoleon

"Ich habe beschlossen, die Juden zu verbessern, aber ich will sie nicht mehr in meinem Reich haben; ich habe alles getan, um zu beweisen, dass ich das übelste Volk der Welt verachte."

Benjamin Franklin 1789.

Erklärung im Konvent zur jüdischen Einwanderung:

"Es gibt eine große Gefahr für die Vereinigten Staaten von Amerika, diese große Gefahr ist der Jude. Meine Herren, in jedem Land, in dem sich die Juden niedergelassen haben, haben sie das normale Niveau gesenkt und den Grad der kommerziellen Ehrlichkeit herabgesetzt.

Sie haben sich abgesondert und nicht assimiliert - sie haben einen Staat im Staat geschaffen, und wenn man sich ihnen widersetzt, versuchen sie, die Nation finanziell zu strangulieren, wie im Fall von Portugal und Spanien.

Seit mehr als 1700 Jahren beklagen sie ihr trauriges Schicksal

- nämlich dass sie aus ihrem Mutterland vertrieben wurden, aber meine Herren, wenn die zivilisierte Welt ihnen heute Palästina und ihren Besitz zurückgeben würde, würden sie sofort dringende Gründe finden, nicht dorthin zurückzukehren. Und warum? Weil sie Vampire sind - sie können nicht unter sich leben; sie müssen unter Christen und anderen leben, die nicht zu ihrer Ethnie gehören.

Wenn sie nicht durch die Verfassung aus den Vereinigten Staaten ausgeschlossen werden, werden sie innerhalb von weniger als 100 Jahren in so großer Zahl in dieses Land strömen, dass sie uns beherrschen und zerstören und unsere Regierungsform ändern werden, für die wir Amerikaner unser Blut vergossen und Leben, Eigentum und persönliche Freiheit geopfert haben.

Wenn die Juden nicht ausgegrenzt werden, werden unsere Kinder in 200 Jahren auf den Feldern arbeiten, um die Juden zu ernähren, während sie im Zählhaus sitzen und sich vergnügt die Hände reiben.

Ich warne Sie, meine Herren, wenn Sie die Juden nicht für immer ausschließen, werden Ihre Kindeskinder Sie in Ihren Gräbern verfluchen.

Ihre Ideen sind nicht die der Amerikaner, auch wenn sie seit zehn Generationen unter uns leben. Das Leopard kann seine Flecken nicht wechseln. Die Juden sind eine Gefahr für dieses Land, und wenn man sie einreisen lässt, werden sie unsere Institutionen gefährden - sie sollten durch die Verfassung ausgeschlossen werden.

Kopie des vom Autor nach dem Münchner Abkommen entworfenen Flugblatts

Sind Sie sich bewusst, dass...

> MR. CHAMBERLAIN in Moskau verbrannt wurde, sobald bekannt wurde, dass er den Frieden gesichert hatte, was sehr deutlich zeigt, WER KRIEG WOLLTE und wer immer noch unaufhörlich daran arbeitet, in der ganzen Welt Unfrieden zu stiften?

Herausgegeben von den MILITANT CHRISTIAN PATRIOTS, 93 Chancery Lane, W.C.1 (Holborn 2137), und gedruckt von W. Whitehead, 22 Lisle st. W.C.2

Der offizielle Knebel Nachdruck aus *Free Britain* Juni 1954

DER OFFIZIELLE GAG

Lord Jowitt, entweder mit dem verspäteten Wunsch, Hauptmann Ramsay Gerechtigkeit widerfahren zu lassen, oder jetzt vorsichtig, die Fälschungen der Vergangenheit zu wiederholen, hat in seinen im *London Evening Standard* vom 13. Mai veröffentlichten Erinnerungen an die Kriegsprozesse zugegeben, dass die Angeklagten in der Tyler-Kent-Affäre die ganze Zeit in gutem Glauben gehandelt haben.

Lord Jowitt war, um diese Memoiren überhaupt veröffentlichen zu können, gezwungen, eine Erklärung abzugeben, die weder Kapitän Ramsay noch Anna Wolkoff zu ihrer eigenen Verteidigung abgeben dürfen, da die Art der Dokumente, um die es in diesem Fall geht, zum Staatsgeheimnis erklärt wurde, das sie nicht preisgeben dürfen.

Andere hingegen können jetzt sagen, was sie von Anfang an wussten, nämlich dass Kapitän Ramsay zu keinem Zeitpunkt versucht hat, mit Deutschland in Verbindung zu treten, sondern dass er versucht hat, dem damaligen Premierminister Chamberlain bestimmte Informationen zu übermitteln, die Chamberlain erwartete und die ihn wegen der Verhaftung von Kapitän Ramsay nie erreichten.

Etwas von dieser Information erreichte Herrn Chamberlain später jedoch über andere Kanäle, denn in den Forestall-Tagebüchern wurde enthüllt, dass Herr Chamberlain zu der Überzeugung gelangt war und Herrn Forestall sogar mitgeteilt hatte, dass mächtige jüdische Kreise in New York allein dafür verantwortlich waren, Großbritannien in den Krieg zu manövrieren, was er zu diesem Zeitpunkt nicht ahnte, obwohl er Premierminister war und über die Vorgänge hätte informiert sein müssen.

Der Keil, der zwischen Mr. Chamberlain und Kapitän Ramsay getrieben wurde, war das Einsperren und der Missbrauch des Gesetzes über Staatsgeheimnisse, gefolgt von der ausgeklügelten Verbreitung der kompletten Erfindung durch das Innenministerium, dass "besagter Kapitän Archibald Maule Ramsay, M. P... seinen Wunsch geäußert habe, mit der deutschen Regierung bei der Eroberung und der anschließenden Regierung Großbritanniens zusammenzuarbeiten".

Später fügte Lord Marley dieser Fälschung noch etwas hinzu, indem er im Oberhaus erklärte, er habe aus guter Quelle erfahren, dass Kapitän Ramsay zugestimmt habe, unter einer deutschen Besatzung Großbritanniens Gauliter von Schottland zu werden. Er ignorierte die Aufforderung der Anwälte von Kapitän Ramsay, die Anschuldigung außerhalb des Hauses zu wiederholen.

Vierzehn Jahre lang muss Lord Jowitt sehr wohl gewusst haben, dass Kapitän Ramsay eine Untersuchung durchführte, um Mr. Chamberlain davon zu überzeugen, dass es dokumentarische Beweise für die Tatsachen gab, die ihm bereits von Kapitän Ramsay mitgeteilt worden waren, und dass die Verhaftung von Kapitän Ramsay erfolgte, um zu verhindern, dass diese dokumentarischen Beweise dem Premierminister vorgelegt wurden. Aber es hat all diese Jahre gedauert, bis Lord Jowitt einräumte, dass Hauptmann Ramsay ein ehrlicher Mann ist, der "niemals eine Handlung gebilligt hätte, die er als gegen die Interessen seines Landes gerichtet erkannt hätte."

G.P.

DEUTSCHES WEIßBUCH ZUR LETZTEN PHASE DER DEUTSCH-POLNISCHEN KRISE

Von der:

DEUTSCHE WEISSBUCHDOKUMENTE

Über die letzte Phase der deutsch-polnischen Krise GERMAN LIBRARY OF INFORMATION NEW YORK

Anmerkung zum deutschen Weißbuch (S. 3-6)

Das hiermit vorgelegte deutsche Weißbuch ist eine Sammlung offizieller Dokumente und Reden, nicht eine Sammlung unkontrollierter Gespräche. Es erhebt nicht den Anspruch, den gesamten Bereich der deutsch-polnischen Beziehungen abzudecken, sondern befasst sich, wie der Titel schon sagt, ausschließlich mit der letzten Phase der deutsch-polnischen Krise, vom 4. August bis zum 3. September, 1939.

Die polnisch-deutsche Kontroverse über den Korridor, Oberschlesien und Danzig begann 1919 und hat seit der Unterzeichnung des Versailler Vertrages nie aufgehört, Europa zu bewegen. Viele Jahre lang waren sich kluge Kommentatoren und Staatsmänner aller Nationen, einschließlich Großbritanniens, darin einig, dass die Abtrennung Ostpreußens vom Reich, ja die gesamte polnische Regelung, ungerecht und voller Gefahren war.

Deutschland unternahm immer wieder Versuche, die Differenzen zwischen den beiden Ländern in freundschaftlichem Geiste zu lösen. Erst als sich alle Verhandlungen als vergeblich erwiesen und Polen sich der Einkreisungsfront gegen Deutschland anschloss, durchschlug Kanzler Hitler den gordischen Knoten mit dem Schwert. Es war England, das ihm das Schwert in die Hand drückte.

Großbritannien behauptet in seinem Blaubuch und an anderer Stelle, dass es aus Gründen der internationalen Moral gezwungen war, Polen gegen eine "Aggression" zu "garantieren".

Leider gab die britische Regierung später zu (Unterstaatssekretär Butler, Unterhaus, 19. Oktober 1939), dass die "Garantie" ausschließlich gegen Deutschland gerichtet war.

Im Falle von Konflikten mit anderen Mächten war sie nicht gültig. Mit anderen Worten: Die britische "Garantie" war lediglich ein Glied in der britischen Einkreisungskette. Die polnische Krise wurde von Großbritannien mit dem Einverständnis Polens bewusst herbeigeführt: Sie war die Lunte, die die Explosion auslösen sollte!

Großbritannien versucht natürlich, diese Tatsache zu verschleiern. Offizielle britische Erklärungen zum Ausbruch des Krieges legen großen Wert auf die Behauptung, dass England Polen erst am 31. März 1939 eine formelle "Garantie" gegeben habe, während die deutsche Forderung an Polen, die Polen zurückwies, am 21. März gestellt wurde. Großbritannien behauptet, dass die britische "Garantie" lediglich die Folge der deutschen Forderung vom 21. März war.

Großbritannien bestreitet, dass seine "Bürgschaft" den polnischen Widerstand verstärkt hat. Es besteht darauf, dass Deutschland einen Moment hochgradiger internationaler Spannungen ausnutzte, indem es Polen seine Forderung nach einer exterritorialen Straße durch den Korridor zwischen dem Reich und Ostpreußen aufdrängte.

Die Briten übersehen in diesem Zusammenhang eine entscheidende Tatsache. Die Existenz der "Garantie", nicht ihre formelle Ankündigung, war der entscheidende Faktor. Die Zukunft mag zeigen, wann das britische Versprechen zum ersten Mal vor Polen in die Welt gesetzt wurde. Auf jeden Fall wurde Polen die britische Hilfe *vor dem* 21. März zugesichert.

Chamberlains Rede vom 17. März 1939 und die Erklärung von Lord Halifax vom 20. März (beide abgedruckt im britischen Blaubuch) lassen keinen Zweifel an dieser Frage. Die britische "Bürgschaft" hatte den Charakter eines Blankoschecks. Als Polen in sein Verderben marschierte, wusste es nicht, dass der Scheck nicht eingelöst werden würde.

Die Behauptung, die Polen seien von den deutschen Vorschlägen überrascht oder überrumpelt worden, ist nicht zutreffend. Polen war über die deutschen Forderungen umfassend informiert. Als Bundeskanzler Hitler 1934 mit Marschall Pilsudski einen Freundschafts- und Nichtangriffspakt schloss, war ihm, wie Herr von Ribbentrop in seiner Danziger Rede (24. Oktober 1939) betont, klar, dass das Problem von Danzig und des Korridors früher oder später gelöst werden musste. Kanzler Hitler hoffte, dass es im Rahmen dieses Instruments gelöst werden würde.

Nach dem Tod von Marschall Pilsudski hat Polen seine Verpflichtungen aus dem deutsch-polnischen Pakt grob missachtet. Die Verfolgung der deutschen Minderheiten in Polen, die Maßnahmen Polens zur wirtschaftlichen Strangulierung Danzigs, das unverschämte Verhalten der polnischen Regierung mit dem britischen Blankoscheck in der Tasche und die polnische Mobilmachung vereitelten den Wunsch des Kanzlers, die polnisch-deutschen Differenzen auf dem Wege friedlicher Verhandlungen zu lösen, so wie er alle anderen Probleme gelöst hatte, die sich aus dem Versailler Bankrott der Staatskunst ergaben.

Niemand kann behaupten, dass die nationalsozialistische Regierung nicht mit außerordentlicher Geduld versucht hat, Polen davon zu überzeugen, dass eine rasche und friedliche Lösung wünschenswert ist. Die polnische Regierung war seit dem 24. Oktober 1938 mit dem konkreten Lösungsvorschlag von Bundeskanzler Hitler vertraut. Die Art der deutschen

Vorschläge wurde vor dem 21. März 1939 mindestens viermal zwischen den beiden Regierungen erörtert. Am 24. Oktober 1938 schlug der deutsche Außenminister von Ribbentrop dem polnischen Botschafter Lipski vier Schritte vor, um die Ungerechtigkeit von Versailles zu beheben und alle Reibungspunkte zwischen den beiden Ländern zu beseitigen.

1). Die Rückgabe der Freien Stadt Danzig an das Reich, ohne ihre wirtschaftlichen Beziehungen zum polnischen Staat zu lösen. (Die Vereinbarung sicherte Polen freie Hafenprivilegien und exterritorialen Zugang zum Hafen zu).

2.) Eine exterritoriale [sic] Kommunikationsroute durch den Korridor auf dem Schienen- und Autoweg zur Wiedervereinigung Deutschlands und Ostpreußens.

3.) Gegenseitige Anerkennung der endgültigen Grenzen durch die beiden Staaten und, falls erforderlich, eine gegenseitige Garantie für ihre Territorien.

4.) Die Verlängerung des deutsch-polnischen Paktes von 1934 von zehn auf fünfundzwanzig Jahre.

Am 5. Januar 1939 beriet der polnische Außenminister Josef Beck mit dem deutschen Bundeskanzler über die Probleme. Bei dieser Gelegenheit bot Bundeskanzler Hitler Beck eine klare und eindeutige Garantie für den Korridor auf der Grundlage der vier von Ribbentrop dargelegten Punkte an. Am folgenden Tag, dem 6. Januar, bekräftigte der deutsche Außenminister in München erneut die Bereitschaft Deutschlands, nicht nur für den Korridor, sondern für das gesamte polnische Gebiet zu bürgen.

Das großzügige Angebot für eine Einigung auf dieser Grundlage, die alle Reibungen zwischen den beiden Ländern beseitigt, wurde bei einem Staatsbesuch von Außenminister von Ribbentrop in Warschau (23. Januar bis 17. Januar, 1939) erneut gemacht. Bei dieser Gelegenheit bot von Ribbentrop erneut eine Garantie für die polnisch-deutschen Grenzen und eine endgültige, umfassende Regelung der deutsch-polnischen Beziehungen an.

Unter diesen Umständen ist es absurd zu behaupten, dass Polen von dem deutschen Vorschlag vom 21. März und den nachfolgenden Entwicklungen "überrascht" wurde. Es ist möglich, dass Polen die freundlichen und versöhnlichen Angebote Deutschlands vor Paris und London verheimlicht hat. Mit oder ohne britische Veranlassung bereitete Polen die Bühne für eine melodramatische Szene vor, in der der deutsche Bösewicht seine Souveränität und seine Unabhängigkeit brutal bedrohte.

Trotz der polnischen Unnachgiebigkeit, die in Kriegsdrohungen gipfelte, unternahm Kanzler Hitler einen weiteren verzweifelten Versuch, den Konflikt zu verhindern. Er beruft einen polnischen Bevollmächtigten ein, um die in Dokument 15 des deutschen Weißbuchs vorgestellte Lösung zu erörtern. Diese Lösung sah die Rückgabe Danzigs an das Reich, den Schutz der polnischen und deutschen Minderheiten, eine Volksabstimmung im Korridor unter neutraler Schirmherrschaft und die Sicherung des ungehinderten exterritorialen Zugangs Polens zum Meer vor, unabhängig vom Ergebnis.

Die Briten bezeichnen dieses vernünftige Dokument gerne als "Ultimatum". Dies ist eine völlige Verzerrung der Tatsachen. Die deutsche Regierung hatte zwar eine Frist (30. August) für die Annahme ihres Vorschlags gesetzt, aber sie wartete vierundzwanzig Stunden nach deren Ablauf, bevor sie zu dem Schluss kam, dass die Möglichkeiten diplomatischer Verhandlungen ausgeschöpft seien. Innerhalb dieser vierundzwanzig Stunden hatten England und Polen reichlich Gelegenheit zu handeln.

Die Briten stellen sich auf den Standpunkt, dass die deutschen Forderungen weder in Warschau noch in London bekannt waren. Diese Behauptung wird durch das britische Blaubuch selbst widerlegt, denn wir finden dort eine Depesche von Sir Neville Henderson, dem britischen Botschafter in Berlin, die keinen Zweifel daran lässt, dass er den deutschen Vorschlag nach seiner mitternächtlichen Konferenz mit von Ribbentrop am 30. August nach London weitergeleitet hat und dass er die wesentlichen Punkte des deutschen Vorschlags verstanden hat. Henderson übermittelte der britischen Regierung sogar die Zusicherung von Bundeskanzler Hitler, dass der polnische Unterhändler selbstverständlich mit der dem Abgesandten eines souveränen Staates gebührenden Höflichkeit und Rücksichtnahme empfangen werden würde.

Henderson sandte seine nächtliche Botschaft nicht nur an Downing Street, sondern auch an die britische Botschaft in Warschau. Es gibt Beweise, die vor kurzem in den Besitz des deutschen Auswärtigen Amtes gelangt sind, dass das britische Kabinett trotz aller Beteuerungen von Unwissenheit und Hilflosigkeit den Inhalt von Hendersons mitternächtlichem Gespräch mit dem deutschen Außenminister direkt an die polnische Regierung weitergegeben hat. Der Londoner Daily Telegraph druckte in seiner Spätausgabe vom 31. August die folgende Erklärung ab:

> "Auf der gestrigen Kabinettssitzung, auf der die Bedingungen der britischen Note gebilligt wurden, wurde beschlossen, eine Botschaft an Warschau zu senden, in der das Ausmaß der jüngsten Forderungen Berlins nach der Annexion von Gebieten angegeben wird".

Dieser Artikel erschien nur in einigen wenigen Ausgaben. In späteren Ausgaben wurde er gestrichen.

Die deutschen Forderungen waren so vernünftig, dass keine vernünftige polnische Regierung es gewagt hätte, sie abzulehnen. Sie wären sicherlich akzeptiert worden, wenn England zur Mäßigung geraten hätte. Eine weitere Chance, den Frieden zu bewahren, ergab sich am 2. September. Sie wurde durch eine Botschaft von Premier Mussolini (Dokument

20) geboten. Der italienische Vorschlag war für Deutschland und Frankreich annehmbar (Dokument 21), wurde aber von Großbritannien abgelehnt (Dokument 22).

DIE LETZTE PHASE DER DEUTSCH-POLNISCHEN KRISE

(S. 7-12)

In der Anlage sind die Dokumente abgedruckt, die in den letzten Tagen vor dem Beginn der deutschen Abwehrmaßnahmen gegen Polen und dem Eingreifen der Westmächte ausgetauscht wurden oder die sich in sonstiger Weise auf diese Ereignisse beziehen. Diese Dokumente geben, wenn man sie kurz zusammenfasst, den folgenden allgemeinen Überblick:

1). Anfang August wurde die Reichsregierung über einen Notenwechsel zwischen dem Vertreter Polens in Danzig und dem Senat der Freien Stadt (Danzig) informiert, wonach die polnische Regierung in Form eines kurzfristigen Ultimatums und unter Androhung von Vergeltungsmaßnahmen die Rücknahme eines angeblichen Befehls des Senats - den es in Wirklichkeit nie gegeben hatte - über die Tätigkeit polnischer Zollinspektoren gefordert hatte (Dokumente 1 bis 3).

Dies veranlasste die Reichsregierung, der polnischen Regierung am 9. August mitzuteilen, dass eine Wiederholung solcher Forderungen in Form eines Ultimatums zu einer Verschlechterung der Beziehungen zwischen Deutschland und Polen führen würde, für deren Folgen allein die polnische Regierung verantwortlich sei.

Gleichzeitig wurde die polnische Regierung darauf aufmerksam gemacht, dass die Aufrechterhaltung der von Polen gegen Danzig ergriffenen wirtschaftlichen Maßnahmen die Freie Stadt zwingen würde, andere Export- und Importmöglichkeiten zu suchen (Dokument 4).

Die polnische Regierung beantwortete diese Mitteilung der Reichsregierung mit einem Aide-Memoire vom 10. August , das der deutschen Botschaft in Warschau übergeben wurde und in der Erklärung gipfelte, dass Polen jede Einmischung der Reichsregierung in Danziger Angelegenheiten, die die polnischen Rechte und Interessen dort gefährden könnte, als eine aggressive Handlung auffassen würde (Dokument 5).

2). Am 22. August sandte der britische Premierminister Neville Chamberlain unter dem Eindruck der Ankündigung des bevorstehenden Abschlusses eines Nichtangriffspaktes zwischen Deutschland und der UdSSR einen persönlichen Brief an den Führer. Darin brachte er zum einen die feste Entschlossenheit der britischen Regierung zum Ausdruck, ihre Verpflichtungen gegenüber Polen zu erfüllen, und zum anderen die Ansicht, dass es am ratsamsten sei, zunächst eine Atmosphäre des Vertrauens wiederherzustellen und dann die deutsch-polnischen Probleme durch Verhandlungen zu lösen, die in einer international garantierten Regelung enden sollten (Dokument 6).

Der Führer legte in seiner Antwort vom 23. August die *wahren* Ursachen der deutsch-polnischen Krise dar.

Er verwies insbesondere auf den von ihm im März dieses Jahres unterbreiteten großzügigen Vorschlag und erklärte, daß die damals von England verbreiteten Falschmeldungen über eine deutsche Mobilmachung gegen Polen, die ebenso unrichtigen Behauptungen über die aggressiven Absichten Deutschlands gegen Ungarn und Rumänien und schließlich die von England und Frankreich gegenüber der polnischen Regierung abgegebene Garantie die polnische Regierung ermutigt hätten, das deutsche Angebot nicht nur abzulehnen, sondern eine Welle des Terrors gegen die in Polen ansässigen Deutschen loszulassen und Danzig wirtschaftlich zu strangulieren. Gleichzeitig erklärte der Führer, dass Deutschland sich durch keinerlei Einschüchterungsmaßnahmen davon abhalten lassen werde, seine Lebensrechte zu schützen (Dokument 7).

3). Obwohl das oben erwähnte Schreiben des britischen Premierministers vom 22. August sowie die Reden britischer Staatsmänner am darauffolgenden Tag völliges Unverständnis für den deutschen Standpunkt erkennen ließen, entschloss sich der Führer dennoch zu einem neuen Versuch der Verständigung mit England.

Am 25. August empfing er den britischen Botschafter, erläuterte ihm noch einmal in aller Offenheit seine Auffassung von der Lage und teilte ihm die wichtigsten Grundsätze eines umfassenden und weitsichtigen Abkommens zwischen Deutschland und England mit, das er der britischen Regierung anbieten würde, sobald das Problem von Danzig und des polnischen Korridors gelöst sei (Dokument 8).

4). Während die britische Regierung die vorangegangene Erklärung des Führers erörtert, findet ein Briefwechsel zwischen dem französischen Staatspräsidenten Daladier und dem Führer statt. In seiner Antwort legte der Führer erneut seine Gründe für den deutschen Standpunkt in der deutsch-polnischen Frage dar und wiederholte noch einmal seinen festen Entschluss, die gegenwärtige deutsch-französische Grenze als endgültig zu betrachten (Dokumente 9 und 10).

5). In ihrer Antwort auf den Schritt des Führers vom 25. August , die am Abend des 28. August übergeben wurde, erklärte sich die britische Regierung bereit, den Vorschlag für eine Revision der deutsch-britischen Beziehungen zu prüfen. Sie erklärte ferner, dass sie von der polnischen Regierung die definitive Zusicherung erhalten habe, dass sie bereit sei, mit der Reichsregierung direkte Gespräche über deutsch-polnische Fragen aufzunehmen.

Gleichzeitig wiederholen sie, dass ihrer Meinung nach ein deutsch-polnischer Ausgleich durch internationale Garantien abgesichert werden muss (Dokument 11).

Trotz schwerwiegender Bedenken, die sich aus der gesamten

bisherigen Haltung Polens ergaben, und trotz berechtigter Zweifel an einer aufrichtigen Bereitschaft der polnischen Regierung zu einer direkten Regelung akzeptierte der Führer in seiner Antwort an den britischen Botschafter am Nachmittag des 29. August den britischen Vorschlag und erklärte, dass die Reichsregierung die Ankunft eines mit Bevollmächtigungen ausgestatteten polnischen Vertreters am 30. August erwarte. Gleichzeitig kündigte der Führer an, die Reichsregierung werde unverzüglich Vorschläge für eine für sie annehmbare Lösung ausarbeiten und diese nach Möglichkeit noch vor dem Eintreffen des polnischen Unterhändlers der britischen Regierung vorlegen (Dokument 12).

6). Im Laufe des 30. August erreichte weder ein bevollmächtigter polnischer Unterhändler noch eine Mitteilung der britischen Regierung über die von ihr unternommenen Schritte Berlin. Im Gegenteil, an diesem Tag wurde die Reichsregierung über die Anordnung einer allgemeinen polnischen Mobilmachung informiert (Dokument 13).

Erst um Mitternacht übergab der britische Botschafter ein neues Memorandum, das jedoch keine konkreten Fortschritte in der Behandlung der deutsch-polnischen Fragen erkennen ließ und sich auf die Feststellung beschränkte, dass die Antwort des Führers vom Vortag der polnischen Regierung übermittelt werden solle und dass die britische Regierung es für undurchführbar halte, bereits am 30. August einen deutsch-polnischen Kontakt herzustellen (Dokument 14).

7). Obwohl durch das Nichterscheinen des polnischen Unterhändlers die Bedingungen weggefallen waren, unter denen die britische Regierung über die Vorstellungen der Reichsregierung über eine mögliche Verhandlungsgrundlage informiert werden sollte, wurden die inzwischen vom Reich formulierten Vorschläge dem britischen Botschafter bei der Übergabe des oben erwähnten Memorandums dennoch mitgeteilt und ausführlich erläutert.

Die Reichsregierung erwartete, dass jedenfalls jetzt, im Anschluss daran, ein polnischer Bevollmächtigter ernannt würde. Stattdessen gab der polnische Botschafter in Berlin am Nachmittag des 31. August gegenüber dem Reichsminister des Auswärtigen eine mündliche Erklärung ab, dass die polnische Regierung in der vorangegangenen Nacht von der britischen Regierung über die Möglichkeit direkter Verhandlungen zwischen der Reichsregierung und der polnischen Regierung informiert worden sei und dass die polnische Regierung den britischen Vorschlag wohlwollend prüfe.

Auf die ausdrückliche Frage des Reichsministers des Auswärtigen, ob er befugt sei, über die deutschen Vorschläge zu verhandeln, erklärte der Botschafter, er sei dazu nicht befugt, sondern lediglich angewiesen worden, die vorstehende mündliche Erklärung abzugeben. Eine weitere Frage des Reichsministers des Auswärtigen, ob er in eine sachliche Diskussion über die Angelegenheit eintreten könne, wurde vom Botschafter ausdrücklich verneint.

8). Die Reichsregierung sah sich also mit der Tatsache konfrontiert, dass sie zwei Tage lang vergeblich auf einen polnischen Bevollmächtigten gewartet hatte. Am Abend des 31. August veröffentlichte sie die deutschen Vorschläge mit einer kurzen Darstellung der Ereignisse, die zu ihnen geführt hatten (Dokument 15).

Diese Vorschläge wurden vom polnischen Rundfunk als unannehmbar bezeichnet (Dokument 16).

9). Da nun jede Möglichkeit einer friedlichen Beilegung der deutsch-polnischen Krise ausgeschöpft war, sah sich der Führer gezwungen, der Gewalt, die die Polen seit langem gegen Danzig, gegen die Deutschen in Polen und schließlich durch zahllose Grenzverletzungen gegen Deutschland angewandt hatten, mit Gewalt zu widerstehen.

10). Am Abend des 1. September übergaben die Botschafter

Großbritanniens und Frankreichs dem Reichsminister des Auswärtigen zwei gleichlautende Noten, in denen sie Deutschland aufforderten, seine Truppen von polnischem Territorium abzuziehen, und erklärten, dass ihre jeweiligen Regierungen ihre Verpflichtungen gegenüber Polen ohne weitere Verzögerung erfüllen würden, falls dieser Forderung nicht entsprochen würde (Dokumente 18 und 19).

11). Um die Kriegsgefahr zu bannen, die durch diese beiden Noten gefährlich nahe gerückt war, machte der Duce einen Vorschlag für einen Waffenstillstand und eine anschließende Konferenz zur Beilegung des deutsch-polnischen Konflikts (Dokument 20).

Die deutsche und die französische Regierung bejahten diesen Vorschlag, während sich die britische Regierung weigerte, ihn anzunehmen (Dokumente 21 und 11).

Dies ging bereits aus den Reden des britischen Premierministers und des britischen Außenministers am Nachmittag des 2. September im britischen Parlament hervor, und eine entsprechende Mitteilung des italienischen Botschafters an den Reichsaußenminister erfolgte am Abend des 2. September. Damit war auch nach Ansicht der italienischen Regierung die Initiative des Duce von England zunichte gemacht worden.

12). Am 3. September traf der britische Botschafter um 9 Uhr morgens im Auswärtigen Amt ein und übergab eine Note, in der die britische Regierung unter Setzung einer Frist von zwei Stunden ihre Forderung nach einem Rückzug der deutschen Truppen wiederholte und im Falle einer Weigerung nach Ablauf dieser Frist den Krieg mit Deutschland erklärte (Dokument 23).

Der britische Staatssekretär für Auswärtige Angelegenheiten übermittelte am 3. September 1939 um 11.15 Uhr dem deutschen Charge d'Affairs in London eine Note, in der er mitteilte, dass zwischen den beiden Ländern ab 11.00 Uhr am 3. September der Kriegszustand herrsche (Dokument 24).

Am selben Tag um 11.30 Uhr übergab der Reichsminister des Auswärtigen dem britischen Botschafter in Berlin ein Memorandum der Reichsregierung, in dem das Reich die von der britischen Regierung in Form eines Ultimatums gestellten Forderungen zurückwies und in dem nachgewiesen wurde, dass die Verantwortung für den Kriegsausbruch allein bei der britischen Regierung lag (Dokument 25).

Am Nachmittag des 3. September suchte der französische Botschafter in Berlin den Reichsminister des Auswärtigen auf und erkundigte sich, ob die Reichsregierung in der Lage sei, eine befriedigende Antwort auf die von der französischen Regierung in ihrer Note vom 1. September an sie gerichtete Frage zu geben. Der Reichsminister des Auswärtigen teilte dem Botschafter mit, dass der italienische Regierungschef, nachdem ihm die englische und französische Note vom September übergeben worden war, einen neuen Vermittlungsvorschlag gemacht habe, dem der Duce hinzugefügt habe, die französische Regierung habe zugestimmt.

Die Reichsregierung hatte dem Duce am Vortag mitgeteilt, dass sie ebenfalls bereit sei, den Vorschlag zu akzeptieren.

Der Duce hatte ihnen jedoch im Laufe des Tages mitgeteilt, dass sein Vorschlag an der unnachgiebigen Haltung der britischen Regierung gescheitert war.

Die britische Regierung hatte Deutschland einige Stunden zuvor ein Ultimatum gestellt, das von deutscher Seite durch ein Memorandum abgelehnt worden war, das er, der Reichsminister des Auswärtigen, dem französischen Botschafter zur Kenntnisnahme überreichen würde.

Sollte die Haltung Frankreichs gegenüber Deutschland von

den gleichen Überlegungen bestimmt sein wie die der britischen Regierung, so könne der Reichsaußenminister dies nur bedauern. Deutschland habe immer die Verständigung mit Frankreich gesucht.

Sollte die französische Regierung trotz dieser Tatsache wegen ihrer Verpflichtungen gegenüber Polen eine feindliche Haltung gegenüber Deutschland einnehmen, so würde das deutsche Volk dies als einen völlig ungerechtfertigten Angriffskrieg Frankreichs gegen das Reich ansehen.

Der französische Botschafter antwortete, er entnehme den Ausführungen des Reichsministers des Auswärtigen, dass die Reichsregierung nicht in der Lage sei, eine zufriedenstellende Antwort auf die französische Note vom 1. September zu geben. Unter diesen Umständen habe er die unangenehme Aufgabe, der Reichsregierung mitzuteilen, daß die französische Regierung gezwungen sei, die Verpflichtungen, die sie gegenüber Polen eingegangen sei, ab dem 3. September um 17.00 Uhr zu erfüllen.

Der französische Botschafter übergab gleichzeitig eine entsprechende schriftliche Mitteilung (CF, Dokument 26).

Der Reichsaußenminister erklärte daraufhin abschließend, die französische Regierung trage die volle Verantwortung für das Leid, das die Völker zu tragen hätten, wenn Frankreich Deutschland angreife.

A. M. RAMSAY

ANDERE TITEL

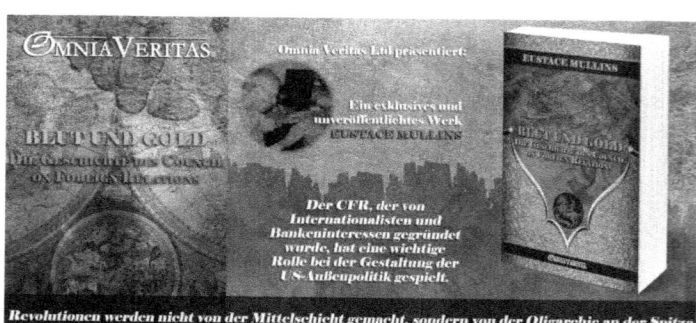

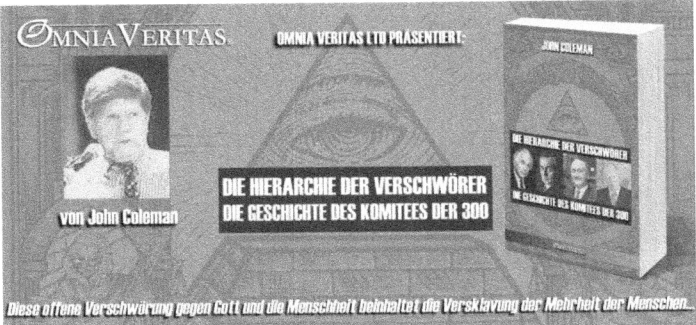

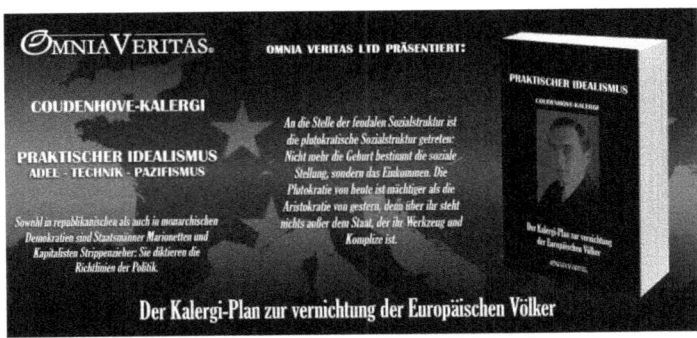

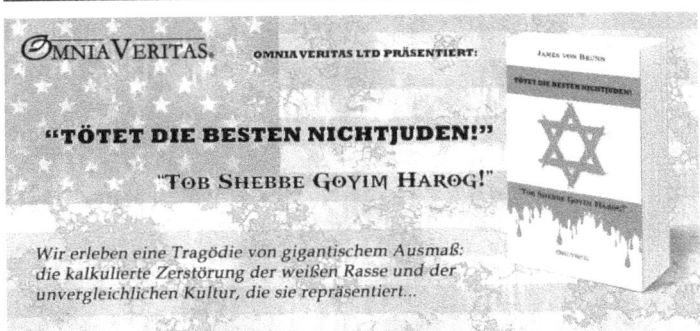

www.ingramcontent.com/pod-product-compliance
Lightning Source LLC
Chambersburg PA
CBHW051057160426
43193CB00010B/1215